Prochainement, il paraîtra un nouvel ouvrage de M.. Emm. GONZALÈS
intitulé : **le Vengeur du Mari**, 4 vol. in-8.

LA
TULIPE NOIRE

PAR

ALEXANDRE DUMAS.

1

PARIS
BAUDRY, LIBRAIRE-ÉDITEUR

De Paul de Kock, Alphonse Karr, Léon Gozlan, Mme la comtesse Dash, Emmanuel
Gonzalès, Mme Camille Bodin, Théophile Gauthier, etc., etc.

34, RUE COQUILLIÈRE.

La Bien-Aimée du Sacré-Cœur, par Mme la comtesse D_{ASH},
paraîtra prochainement en 5 vol. in-8.

LA
TULIPE NOIRE.

CHEZ LE MÊME ÉDITEUR

LES DEUX FAVORITES
PAR EMMANUEL GONZALÈS.

3 volumes in-8. (*sous presse*).

LES CHERCHEURS D'OR
PAR EMMANUEL GONZALÈS.

2 volumes in-8 (*sous presse*).

LE VENGEUR DU MARI
PAR EMMANUEL GONZALÈS.

4 volumes in-8.

LES MYSTÈRES DU CHATEAU ROUGE
PAR LE MARQUIS DE FOUDRAS.

4 volumes in-8 (*sous presse*).

ALIZIA PAULI
Ouvrage complet en 4 volumes in-8.
PAR PAUL FÉVAL.

LA BIEN-AIMÉE DU SACRÉ-COEUR
Par Mme la comtesse DASH.

3 volumes in-8 (*sous presse*).

Corbeil, typ. et lith. de Crété.

LA
TULIPE NOIRE

PAR

ALEXANDRE DUMAS.

1

PARIS
BAUDRY, LIBRAIRE-ÉDITEUR
De Paul de KOCK, Alphonse KARR, Léon GOZLAN, Mme la comtesse DASH, Emmanuel
GONZALÈS, Mme Camille BODIN, Théophile GAUTHIER, etc., etc.

34, RUE COQUILLIÈRE.

1850

I

Un peuple reconnaissant.

Le 20 août 1672, la ville de la Haye, si vivante, si blanche, si coquette que l'on dirait que tous les jours sont des dimanches, la ville de la Haye, avec son parc ombreux, avec ses grands arbres inclinés sur ses maisons gothiques, avec les larges miroirs de ses canaux dans lesquels se reflètent ses clochers aux coupoles presque orientales, — la ville de la Haye, — la capitale des sept Provinces-Unies, gonflait toutes ses artères d'un flot noir et rouge de citoyens pressés, haletants, inquiets, — lesquels couraient, le couteau à la ceinture, le mousquet sur l'épaule ou le bâton à la main, — vers le Buytenhoff, formidable prison dont on montre encore aujourd'hui les fenêtres grillées et où, depuis l'accusation d'assassinat portée contre lui par le chirurgien Tickelaer, languissait Corneille de Witt, frère de l'ex-grand pensionnaire de Hollande.

Si l'histoire de ce temps et surtout de cette année, au milieu de laquelle nous commençons notre récit, n'était liée d'une façon indissoluble aux deux noms que nous venons de citer, les quelques lignes d'explications que nous allons donner pourraient paraître un hors-d'œuvre; mais nous prévenons tout d'abord le lecteur, ce vieil ami, à qui nous promettons toujours du plaisir à notre première page, et auquel nous tenons parole tant bien que mal, dans les pages suivantes ; mais nous prévenons, disons-nous, notre lecteur, que cette explication est aussi indispensable à la clarté de notre histoire qu'à l'intelligence du grand évènement politique dans lequel cette histoire s'encadre.

Corneille ou Cornélius de Witt, Ruart de Pulten, c'est-à-dire inspecteur des digues de ce pays, ex-bourgmestre de

Dordrecht, sa ville natale, et député aux Etats de Hollande, avait quarante-neuf ans, lorsque le peuple hollandais, fatigué de la république, telle que l'entendait Jean de Witt, grand pensionnaire de Hollande, s'éprit d'un amour violent pour le stathoudérat, que l'édit perpétuel imposé par Jean de Witt aux Provinces-Unies avait à tout jamais aboli en Hollande.

Comme il est rare que dans ses évolutions capricieuses, l'esprit public ne voie pas un homme derrière un principe, derrière la république, le peuple voyait les deux figures sévères des frères de Witt, ces Romains de la Hollande, dédaigneux de flatter le goût national, et amis inflexibles d'une liberté sans licence et d'une prospérité sans superflu, de même que derrière le stathoudérat il voyait le front incliné, grave et réfléchi du jeune Guillaume d'Orange, que ses contemporains baptisèrent du nom de Taciturne, adopté par la postérité.

Les deux de Witt ménageaient Louis XIV, dont ils sentaient grandir l'ascendant moral sur toute l'Europe, et dont ils venaient de sentir l'ascendant matériel sur la Hollande par le succès de cette campagne merveilleuse du Rhin, illustrée par ce héros de roman qu'on appelait le comte de Guiche, et chantée par Boileau, campagne qui en trois mois venait d'abattre la puissance des Provinces-Unies.

Louis XIV était depuis longtemps l'ennemi des Hollandais, qui l'insultaient ou le raillaient de leur mieux, presque toujours, il est vrai, par la bouche des Français réfugiés en Hollande. L'orgueil national en faisait le Mithridate de la république. Il y avait donc contre les de Witt la double animation qui résulte d'une vigoureuse résistance suivie par un pouvoir luttant contre le goût de la nation et de la fatigue naturelle à tous les peuples vaincus quand ils espèrent qu'un autre chef pourra les sauver de la ruine et de la honte.

Cet autre chef, tout prêt à paraître, tout prêt à se mesurer contre Louis XIV, si gigantesque que parût devoir être sa fortune future, c'était Guillaume, prince d'Orange, fils de Guillaume II, et petit-fils, par Henriette Stuart, du roi Charles Ier d'Angleterre, ce taciturne enfant, dont nous avons déjà dit que l'on voyait apparaître l'ombre derrière le stathoudérat.

Ce jeune homme était âgé de 22 ans en 1672. Jean de Witt avait été son précepteur et l'avait élevé dans le but de faire de cet ancien prince un bon citoyen. Il lui avait, dans son amour de la patrie qui l'avait emporté sur l'amour de son élève, il lui avait, par l'édit perpétuel, enlevé l'espoir du stathoudérat. Mais Dieu avait ri de cette prétention des hommes, qui font et défont les puissances de la terre sans consulter le Roi du ciel ; et par le caprice des Hollandais et la terreur inspirée par

Louis XIV, il venait de changer la politique du grand pensionnaire et d'abolir l'édit perpétuel en rétablissant le stathoudérat pour Guillaume d'Orange, sur lequel il avait ses desseins, cachés encore dans les mystérieuses profondeurs de l'avenir.

Le grand pensionnaire s'inclina devant la volonté de ses concitoyens; mais Corneille de Witt fut plus récalcitrant, et malgré les menaces de mort de la plèbe orangiste qui l'assiégeait dans sa maison de Dordrecht, il refusa de signer l'acte qui rétablissait le stathoudérat.

Sur les instances de sa femme en pleurs, il signa enfin, ajoutant seulement à son nom ces deux lettres : *V. C. Vi coactus*, ce qui voulait dire : *Contraint par la force.*

Ce fut par un véritable miracle qu'il échappa ce jour-là aux coups de ses ennemis.

Quant à Jean de Witt, son adhésion, plus rapide et plus facile à la volonté de ses concitoyens, ne lui fut guère plus profitable. A quelques jours de là, il fut victime d'une tentative d'assassinat. Percé de coups de couteau, il ne mourut point de ses blessures.

Ce n'était point là ce qu'il fallait aux orangistes. La vie des deux frères était un éternel obstacle à leurs projets; ils changèrent donc momentanément de tactique, quitte, au moment donné, de couronner la seconde par la première, et ils essayèrent de consommer, à l'aide de la calomnie, ce qu'ils n'avaient pu exécuter par le poignard.

Il est assez rare qu'au moment donné, il ne se trouve là, sous la main de Dieu, un grand homme pour exécuter une grande action, et voilà pourquoi, lorsqu'arrive par hasard cette combinaison providentielle, l'histoire enregistre à l'instant même le nom de cet homme élu, et le recommande à l'admiration de la postérité.

Mais lorsque le diable se mêle des affaires humaines pour ruiner une existence ou renverser un empire, il est bien rare qu'il n'ait pas là immédiatement à sa portée quelque misérable auquel il n'a qu'un mot à souffler à l'oreille pour que celui-ci se mette immédiatement à la besogne.

Ce misérable, qui dans cette circonstance se trouva tout posté pour être l'agent du mauvais esprit, se nommait, comme nous croyons déjà l'avoir dit, Tyckelaer, et était chirurgien de profession.

Il vint déclarer que Corneille de Witt, désespéré, comme il l'avait du reste prouvé par son apostille, de l'abrogation de l'édit perpétuel, et enflammé de haine contre Guillaume d'Orange, avait donné mission à un assassin de délivrer la république du nouveau stathouder, et que cet assassin c'était lui, Tyckelaer, qui, bourrelé de remords à la seule idée de l'action qu'on lui demandait, aimait mieux révéler le crime que de le commettre.

Maintenant, que l'on juge de l'explosion qui se fit parmi les orangistes à la nouvelle de ce complot. Le procureur fiscal fit arrêter Corneille dans sa maison, le 16 août 1672; le Ruart de Pulten, le noble frère de Jean de Witt, subissait dans une salle du Buytenoff la torture préparatoire destinée à lui arracher, comme aux plus vils criminels, l'aveu de son prétendu complot contre Guillaume.

Mais Corneille était non-seulement un grand esprit, mais encore un grand cœur. Il était de cette famille de martyrs qui, ayant la foi politique, comme leurs ancêtres avaient la foi religieuse, sourient aux tourments ; et pendant la torture, il récita d'une voix ferme et en scandant les vers selon leur mesure, la première strophe du *Justum et tenacem* d'Horace, n'avoua rien et lassa non-seulement la force mais encore le fanatisme de ses bourreaux.

Les juges n'en déchargèrent pas moins Tyckelaer de toute accusation, et n'en rendirent pas moins contre Corneille une sentence qui le dégradait de toutes ses charges et dignités, le condamnant aux frais de la justice et le bannissant à perpétuité du territoire de la république.

C'était déjà quelque chose pour la satisfaction du peuple, aux intérêts duquel s'était constamment voué Corneille de Witt, que cet arrêt rendu non-seulement contre un innocent, mais encore contre un grand citoyen. Cependant, comme on va le voir, ce n'était pas assez.

Les Athéniens, qui ont laissé une assez belle réputation d'ingratitude, le cédaient sous ce point aux Hollandais. Ils se contentèrent de bannir Aristide.

Jean de Witt, aux premiers bruits de la mise en accusation de son frère, s'était démis de sa charge de grand pensionnaire. Celui-là était aussi dignement récompensé de son dévoûment au pays. Il emportait dans la vie privée ses ennemis et ses blessures, seuls profits qui reviennent en général aux honnêtes gens coupables d'avoir travaillé pour leur patrie en s'oubliant eux-mêmes.

Pendant ce temps, Guillaume d'Orange attendait, non sans hâter l'évènement par tous les moyens en son pouvoir, que le peuple, dont il était l'idole, lui eût fait du corps des deux frères les deux marches dont il avait besoin pour monter au siége du stathoudérat.

Or, le 20 août 1672, comme nous l'avons dit en commençant ce chapitre, toute la ville courait au Buytenoff pour assister à la sortie de prison de Corneille de Witt, partant pour l'exil, et voir quelles traces la torture avait laissées sur le noble corps de cet homme qui savait si bien son Horace.

Empressons-nous d'ajouter que toute cette multitude qui se rendait au Buytenoff ne s'y rendait pas seulement dans cette innocente intention d'assister à un spectacle, mais que beaucoup, dans ses rangs, tenaient à jouer un rôle, ou plutôt à doubler un emploi qu'ils trouvaient avoir été mal rempli.

Nous voulons parler de l'emploi du bourreau.

Il y en avait d'autres, il est vrai, qui accouraient avec des intentions moins hostiles. Il s'agissait pour eux seulement de ce spectacle toujours attrayant pour la multitude, dont il flatte l'instinctif orgueil, de voir dans la poussière celui qui a été longtemps debout.

Ce Corneille de Witt, cet homme sans peur, disait-on, n'était-il pas enfermé, affaibli par la torture? N'allait-on pas le voir pâle, sanglant, honteux? N'était-ce pas un beau triomphe pour cette bourgeoisie bien autrement envieuse encore que le peuple, et auquel tout bon bourgeois de la Haye devait prendre part?

Et puis, se disaient les agitateurs orangistes, habilement mêlés à toute cette foule qu'ils comptaient bien manier comme un instrument tranchant et contondant à la fois, ne trouvera-t-on pas, du Buytenhoff à la porte de la ville, une petite occasion de jeter un peu de boue, quelques pierres même, à ce Ruart de Pulten, qui non-seument n'a donné le stathoudérat au prince d'Orange que *vi coactus*, mais qui encore a voulu le faire assassiner?

Sans compter, ajoutaient les farouches ennemis de la France, que si on faisait bien et que si on était brave à la Haye, on ne laisserait point partir pour l'exil Corneille de Witt, qui, une fois dehors, nouera toutes ses intrigues avec la France, et vivra de l'or du marquis de Louvois avec son grand scélérat de frère Jean.

Dans de pareilles dispositions, on le sent bien, des spectateurs courent plutôt qu'ils ne marchent. Voilà pourquoi les habitants de la Haye couraient si vite du côté du Buytenhoff.

Au milieu de ceux qui se hâtaient le plus, courait, la rage au cœur et sans projet dans l'esprit, l'honnête Tyckelaer, promené par les orangistes comme un héros de probité, d'honneur national et de charité chrétienne.

Ce brave scélérat racontait, en les embellissant de toutes les fleurs de son esprit et de toutes les ressources de son imagination, les tentatives que Corneille de Witt avait faites sur sa vertu ; les sommes qu'il lui avait promises et l'infernale machination préparée d'avance pour lui aplanir, à lui Tyckelaer, toutes les difficultés de l'assassinat.

Et chaque phrase de son discours, avidement recueillie par la populace, soulevait des cris d'enthousiaste amour pour le prince Guillaume, et des hurrahs d'aveugle rage contre les frères de Witt.

La populace en était à maudire ces juges iniques dont l'arrêt laissait échapper sain et sauf un si abominable criminel que l'était ce scélérat de Corneille.

Et quelques instigateurs répétaient à voix basse :

— Il va partir! il va nous échapper!

Ce à quoi d'autres répondaient :

— Un vaisseau l'attend à Schweningen, un vaisseau français, Tyckelaer l'a vu.

— Brave Tyckelaer! honnête Tyckelaer! criait en chœur la foule.

— Sans compter, disait une voix, que pendant cette fuite du Corneille, le Jean, qui est un non moins grand traître que son frère, le Jean se sauvera aussi.

— Et les deux coquins vont manger en France notre argent, l'argent de nos vaisseaux, de nos arsenaux, de nos chantiers vendus à Louis XIV.

— Empêchons-les de partir ! criait la voix d'un patriote plus avancé que les autres.

— A la prison ! à la prison ! répétait le chœur.

Et sur ces cris, les bourgeois de courir plus fort, les mousquets de s'armer, les haches de luire, et les yeux de flamboyer.

Cependant aucune violence ne s'était

commise encore, et la ligne de cavaliers qui gardait les abords du Buytenhoff demeurait froide, impassible, silencieuse, plus menaçante par son flegme que toute cette foule bourgeoise ne l'était par ses cris, son agitation et ses menaces ; immobile sous le regard de son chef, capitaine de la cavalerie de la Haye, lequel tenait son épée hors du fourreau, mais basse et la pointe à l'angle de son étrier.

Cette troupe, seul rempart qui défendit la prison, contenait par son attitude, non-seulement les masses populaires désordonnées et bruyantes, mais encore le détachement de la garde bourgeoise, qui, placé en face de Buytenhoff pour maintenir l'ordre de compte à demi avec la troupe, donnait aux perturbateurs l'exemple des cris séditieux, en criant :

— Vive Orange ! A bas les traîtres !

La présence de Tilly et de ses cavaliers était, il est vrai, un frein salutaire à tous ces soldats bourgeois ; mais peu après ils s'exaltèrent par leurs propres cris, et comme ils ne comprenaient pas que l'on pût avoir du courage sans crier, ils imputèrent à timidité le silence des cavaliers et firent un pas vers la prison, entraînant à leur suite toute la tourbe populaire.

Mais alors le comte de Tilly s'avança seul au-devant d'eux, et levant seulement son épée en fronçant les sourcils.

— Eh! messieurs de la garde bourgeoise, demanda-t-il, pourquoi marchez-vous et que désirez-vous?

Les bourgeois agitèrent leurs mousquets en répétant les cris de :

— Vive Orange! Mort aux traîtres!

— Vive Orange! soit! dit M. de Tilly, quoique je préfère les figures gaies aux figures maussades. Mort aux traîtres! si vous le voulez, tant que vous ne le voudrez que par des cris. Criez tant qu'il vous plaira : Mort aux traîtres! mais quant à les mettre à mort effectivement, je suis ici pour empêcher cela, et je l'empêcherai.

Puis se retournant vers ses soldats :

— Haut les armes, soldats ! cria-t-il.

Les soldats de Tilly obéirent au commandement avec une précision calme qui fit rétrograder immédiatement bourgeois et peuple, non sans une confusion qui fit sourire l'officier de cavalerie.

— La, la, dit-il avec ce ton goguenard qui n'appartient qu'à l'épée. Tranquillisez-vous, bourgeois, mes soldats ne brûleront pas une amorce, — mais de votre côté vous ne ferez point un pas vers la prison.

— Savez-vous bien, monsieur l'officier,

que nous avons des mousquets? fit tout furieux le commandant des bourgeois.

— Je le vois, pardieu, bien, que vous avez des mousquets, dit Tilly, vous me les faites assez miroiter devant l'œil ; mais remarquez aussi de votre côté que nous avons des pistolets, que le pistolet porte admirablemeut à cinquante pas, et que vous n'êtes qu'à vingt-cinq.

— Mort aux traîtres ! cria la compagnie des bourgeois exaspérée.

— Bah ! vous dites toujours la même chose, grommela l'officier, c'est fatigant !

Et il reprit son poste en tête de la

troupe, tandis que le tumulte allait en augmentant autour de Buytenhoff.

Et cependant le peuple échauffé ne savait pas qu'au moment même où il flairait le sang d'une de ses victimes, l'autre, comme si elle eût eu hâte d'aller au-devant de son sort, passait à cent pas de la place derrière les groupes et les cavaliers pour se rendre au Buytenhoff.

En effet, Jean de Witt venait de descendre de carrosse avec un domestique et traversait tranquillement à pied l'avant-cour qui précède la prison.

Il s'était nommé au concierge, qui du reste le connaissait, en disant :

— Bonjour, Gryphus, je viens chercher pour l'emmener hors de la ville mon frère Corneille de Witt, condamné, comme tu sais, au bannissement.

Et le concierge, espèce d'ours dressé à ouvrir et à fermer la porte de la prison, l'avait salué et laissé entrer dans l'édifice, dont les portes s'étaient refermées sur lui.

A dix pas de là, il avait rencontré une belle jeune fille de dix-sept à dix-huit ans, en costume de Frisonne, qui lui avait fait une charmante révérence; et il lui avait dit en lui passant la main sous le menton :

— Bonjour, bonne et belle Rosa ; comment va mon frère ?

— Oh ! monsieur Jean, avait répondu la jeune fille, ce n'est pas le mal qu'on lui a fait que je crains pour lui : le mal qu'on lui a fait est passé.

— Que crains-tu donc, la belle fille ?

— Je crains le mal qu'on veut lui faire, monsieur Jean.

— Ah ! oui, dit de Witt, ce peuple, n'est-ce pas ?

— L'entendez-vous ?

— Il est, en effet, fort ému ; mais quand

il nous verra, comme nous ne lui avons jamais fait que du bien, peut-être se calmera-t-il.

— Ce n'est malheureusement pas une raison, murmura la jeune fille en s'éloignant pour obéir à un signe impératif que lui avait fait son père.

— Non, mon enfant, non ; c'est vrai ce que tu dis là.

Puis continuant son chemin :

— Voilà, murmura-t-il, une petite fille qui ne sait probablement pas lire et qui par conséquent n'a rien lu, et qui vient de résumer l'histoire du monde dans un seul mot.

Et toujours aussi calme, mais plus mélancolique qu'en entrant, l'ex-grand pensionnaire continua de s'acheminer vers la chambre de son frère.

II

Les deux frères.

Comme l'avait dit dans un doute plein de pressentiments la belle Rosa, pendant que Jean de Witt montait l'escalier de pierre aboutissant à la prison de son frère Corneille, les bourgeois faisaient de leur mieux pour éloigner la troupe de Tilly, qui les gênait.

Ce que voyant, le peuple, qui appréciait les bonnes intentions de sa milice, criait à tue-tête : — Vivent les bourgeois !

Quant à M. de Tilly, aussi prudent que ferme, il parlementait avec cette compagnie bourgeoise sous les pistolets apprêtés de son escadron, lui expliquant de son mieux que la consigne donnée par les Etats lui enjoignait de garder avec trois compagnies la place de la prison et ses alentours.

— Pourquoi cet ordre ? pourquoi garder la prison ? criaient les orangistes.

— Ah ! répondait M. de Tilly, voilà que vous m'en demandez tout de suite plus que

je ne peux vous en dire. On m'a dit :
Gardez ; je garde. Vous qui êtes presque
des militaires, messieurs, vous devez savoir qu'une consigne ne se discute
pas.

— Mais on vous a donné cet ordre
pour que les traîtres puissent sortir de la
ville.

— Cela pourrait bien être, puisque les
traîtres sont condamnés au bannissement,
répondait Tilly.

— Mais qui a donné cet ordre ?

— Les États, pardieu !

— Les États trahissent.

— Quant à cela, je n'en sais rien.

— Et vous trahissez vous-même.

— Moi?

— Oui, vous.

— Ah! çà, entendons-nous, messieurs les bourgeois; qui trahirais-je? les États? Je ne puis pas les trahir, puisque étant à leur solde, j'exécute ponctuellement leur consigne.

Et là-dessus, comme le comte avait si parfaitement raison qu'il était impossible de discuter sa réponse, les clameurs et les menaces redoublèrent; clameurs et menaces effroyables, auxquelles le comte répondait avec toute l'urbanité possible.

— Mais, messieurs les bourgeois, par grâce, désarmez donc vos mousquets ; il en peut partir un par accident, et si le coup blessait un de mes cavaliers, nous vous jetterions deux cents hommes par terre, ce dont nous serions bien fâchés ; mais vous plus encore, attendu que ce n'est ni dans vos intentions ni dans les miennes.

— Si vous faisiez cela, crièrent les bourgeois, à notre tour nous ferions feu sur vous.

— Oui, mais, quand, en faisant feu sur nous, vous nous tueriez tous depuis le premier jusqu'au dernier, ceux que nous aurions tués, nous, n'en seraient pas moins morts.

— Cédez-nous donc la place alors, et vous ferez acte de bon citoyen.

— D'abord, je ne suis pas citoyen, dit Tilly, je suis officier, ce qui est bien différent; et puis je ne suis pas Hollandais, je suis Français, ce qui est plus différent encore. Je ne connais donc que les États, qui me paient; apportez-moi de la part des États l'ordre de céder la place, je fais demi-tour à l'instant même, attendu que je m'ennuie énormément ici.

—Oui, oui! crièrent cent voix qui se multiplièrent à l'instant par cinq cents autres. Allons à la maison de ville! allons trouver les députés! allons, allons!

— C'est cela, murmura Tilly en regardant s'éloigner les plus furieux, allez demander une lâcheté à la maison de ville, et vous verrez si on vous l'accorde ; allez, mes amis, allez.

Le digne officier comptait sur l'honneur des magistrats, qui de leur côté comptaient sur son honneur de soldat, à lui.

— Dites donc, capitaine, fit à l'oreille du comte son premier lieutenant, que les députés refusent à ces enragés que voici ce qu'ils leurs demandent, mais qu'ils nous envoient à nous un peu de renfort, cela ne fera pas de mal, je crois.

Cependant Jean de Witt, que nous avons quitté montant l'escalier de pierre après son entretien avec le geôlier Griphus et sa fille Rosa, était arrivé à la porte de la chambre où gisait sur un matelas son frère Corneille, auquel le fiscal avait, comme nous l'avons dit, fait appliquer la torture préparatoire.

L'arrêt de bannissement était venu, qui avait rendu inutile l'application de la torture extraordinaire.

Corneille, étendu sur son lit, les poignets

brisés, les doigts brisés, n'ayant rien avoué d'un crime qu'il n'avait pas commis, venait de respirer enfin, après trois jours de souffrance, en apprenant que les juges dont il attendait la mort avaient bien voulu ne le condamner qu'au bannissement.

Corps énergique, âme invincible, il eût bien désappointé ses ennemis si ceux-ci eussent pu, dans les profondeurs sombres de la chambre du Buytenhoff, voir luire sur son pâle visage le sourire du martyr qui oublie la fange de la terre depuis qu'il a entrevu les splendeurs du ciel.

Le Ruart avait, par la puissance de sa volonté plutôt que par un secours réel, recouvré toutes ses forces, et il calculait combien de temps encore les formalités de la justice le retiendraient en prison.

C'était juste à ce moment que les clameurs de la milice bourgeoise, mêlées à celles du peuple, s'élevaient contre les deux frères et menaçaient le capitaine Tilly, qui leur servait de rempart. Ce bruit, qui venait se briser comme une marée montante aux pieds des murailles de la prison, parvint jusqu'au prisonnier.

Mais si menaçant que fût ce bruit, Corneille négligea de s'enquérir ou ne prit pas la peine de se lever pour regarder par la fenêtre étroite et treillissée de fer qui laissait arriver la lumière et les murmures du dehors.

Il était si bien engourdi dans la continuité de son mal que ce mal était devenu presque une habitude. Enfin il sentait avec tant de délices son âme et sa raison si près de se dégager des embarras corporels, qu'il lui semblait déjà que cette âme et cette raison échappées à la matière planaient au-dessus d'elle comme flotte au-dessus d'un foyer presque éteint la flamme qui le quitte pour monter au ciel.

Il pensait aussi à son frère.

Sans doute, c'était son approche qui

par les mystères inconnus que le magnétisme a découverts depuis, se faisait sentir aussi. Au moment même où Jean était si présent à la pensée de Corneille, que Corneille murmurait presque son nom, la porte s'ouvrit, Jean entra, et d'un pas empressé vint au lit du prisonnier, qui tendit ses bras meurtris et ses mains enveloppées de linge vers ce glorieux frère qu'il avait réussi à dépasser, non pas dans les services rendus au pays, mais dans la haine que lui portaient les Hollandais.

Jean baisa tendrement son frère sur le front, et reposa doucement sur le matelas ses mains malades.

— Corneille, mon pauvre frère, dit-il, vous souffrez beaucoup, n'est-ce pas?

— Je ne souffre plus, mon frère, puisque je vous vois.

— Oh! mon pauvre cher Corneille, alors, à votre défaut, c'est moi qui souffre de vous voir ainsi, je vous en réponds.

— Aussi, ai-je plus pensé à vous qu'à moi-même, et tandis qu'ils me torturaient, je n'ai songé à me plaindre qu'une fois pour dire : Pauvre frère! Mais te voilà, oublions tout. Tu viens me chercher, n'est-ce pas?

— Oui.

— Je suis guéri ; aidez-moi à me lever, mon frère, et vous verrez comme je marche bien.

— Vous n'aurez pas longtemps à marcher, mon ami, car j'ai mon carrosse au vivier, derrière les pistoliers de Tilly.

— Les pistoliers de Tilly! Pourquoi donc sont-ils au vivier?

— Ah! c'est que l'on suppose, dit le grand pensionnaire avec ce sourire de physionomie triste qui lui était habituel, que les gens de la Haye voudront vous voir partir, et l'on craint un peu de tumulte.

— Du tumulte? reprit Corneille en fixant

son regard sur son frère embarrassé ; du tumulte ?

— Oui, Corneille.

— Alors c'est cela que j'entendais tout à l'heure, fit le prisonnier comme se parlant à lui-même. Puis revenant à son frère.

— Il y a du monde sur le Buytenhoff, n'est-ce pas ? dit-il.

— Oui, mon frère.

— Mais, alors, pour venir ici...

— Eh bien ?

— Comment vous a-t-on laissé passer ?

— Vous savez bien que nous ne sommes guère aimés, Corneille, fit le grand pensionnaire avec une amertume mélancolique. J'ai pris par les rues écartées.

— Vous vous êtes caché, Jean ?

— J'avais dessein d'arriver jusqu'à vous sans perdre de temps, et j'ai fait ce que l'on fait en politique et en mer quand on a le vent contre soi : j'ai louvoyé.

En ce moment, le bruit monta plus furieux de la place à la prison. Tilly dialoguait avec la garde bourgeoise.

— Oh! oh! fit Corneille, vous êtes un

bien grand pilote. Jean ; mais je ne sais si vous tirerez votre frère du Buytenhoff, dans cette houle et sur les brisants populaires, aussi heureusement que vous avez conduit la flotte de Tromp à Anvers, au milieu des bas-fonds de l'Escaut.

— Avec l'aide de Dieu, Corneille, nous y tâcherons, du moins, répondit Jean ; mais d'abord un mot.

— Dites.

Les clameurs montèrent de nouveau.

— Oh ! oh ! continua Corneille, comme ces gens sont en colère ! Est-ce contre vous ? est-ce contre moi ?

— Je crois que c'est contre tous deux, Corneille. Je vous disais donc, mon frère, que ce que les orangistes nous reprochent au milieu de leurs sottes calomnies, c'est d'avoir négocié avec la France.

— Les niais!

— Oui, mais il nous le reprochent.

— Mais si ces négociations eussent réussi, elles leur eussent épargné les défaites de Rees, d'Orsay, de Vesel et de Rheinberg; elles leur eussent évité le passage du Rhin, et la Hollande pourrait se croire encore invincible au milieu de ses marais et de ses canaux.

— Tout cela est vrai, mon frère, mais ce qui est d'une vérité plus absolue encore, c'est que si l'on trouvait en ce moment-ci notre correspondance avec M. de Louvois, si bon pilote que je sois, je ne sauverais point l'esquif si frêle qui va porter les de Witt et leur fortune hors de la Hollande. Cette correspondance, qui prouverait à des gens honnêtes combien j'aime mon pays et quels sacrifices j'offrais de faire personnellement pour sa liberté, pour sa gloire, cette correspondance nous perdrait auprès des orangistes, nos vainqueurs. Aussi, cher Corneille, j'aime à croire que vous l'avez brûlée avant de quitter Dordrecht pour venir me rejoindre à la Haye.

— Mon frère, répondit Corneille, votre

correspondance avec M. de Louvois prouve que vous avez été dans les derniers temps le plus grand, le plus généreux et le plus habile citoyen des sept Provinces-Unies. J'aime la gloire de mon pays ; j'aime votre gloire surtout, mon frère, et je me suis bien gardé de brûler cette correspondance.

— Alors nous sommes perdus pour cette vie terrestre, dit tranquillement l'ex-grand pensionnaire en s'approchant de la fenêtre.

— Non, bien au contraire, Jean, et nous aurons à la fois le salut du corps et la résurrection de la popularité.

— Qu'avez-vous donc fait de ces lettres, alors ?

— Je les ai confiées à Cornélius van Baerle, mon filleul, que vous connaissez et qui demeure à Dordrecht.

— Oh! le pauvre garçon, ce cher et naïf enfant! ce savant qui, chose rare, sait tant de choses et ne pense qu'aux fleurs qui saluent Dieu, et qu'à Dieu qui fait naître les fleurs ! vous l'avez chargé de ce dépôt mortel ; mais il est perdu, mon frère, ce pauvre cher Cornélius !

— Perdu ?

— Oui, car il sera fort ou il sera faible.

S'il est fort (car, si étranger qu'il soit à ce qui nous arrive ; car, quoique enseveli à Dordrecht, quoique distrait, que c'est miracle ! il saura, un jour ou l'autre, ce qui nous arrive), s'il est fort, il se vantera de nous ; s'il est faible, il aura peur de notre intimité ; s'il est fort, il taira le secret ; s'il est faible, il le laissera prendre. Dans l'un et l'autre cas, Corneille, il est donc perdu et nous aussi. Ainsi donc, mon frère, fuyons vite, s'il en est temps encore.

Corneille se souleva sur son lit et, prenant la main de son frère, qui tressaillit au contact des linges :

— Est-ce que je ne connais pas mon filleul ? dit-il ; est-ce que je n'ai pas appris à lire chaque pensée dans la tête de van Baerle, chaque sentiment dans son âme? Tu me demandes s'il est faible, tu me demandes s'il est fort? Il n'est ni l'un ni l'autre, mais qu'importe ce qu'il soit! Le principal est qu'il gardera le secret, attendu que ce secret, il ne le connaît même pas.

Jean se retourna surpris.

— Oh! continua Corneille avec son doux sourire, le Ruart de Pulten est un politique élevé à l'école de Jean; je vous le répète, mon frère, van Baerle ignore la nature et la valeur du dépôt que je lui ai confié.

— Vite alors! s'écria Jean, puisqu'il en

est temps encore, faisons-lui passer l'ordre de brûler la liasse.

— Par qui faire passer cet ordre ?

— Par mon serviteur Craëcke, qui devait nous accompagner à cheval et qui est entré avec moi dans la prison pour vous aider à descendre l'escalier.

— Réfléchissez avant de brûler ces titres glorieux, Jean.

— Je réfléchis qu'avant tout, mon brave Corneille, il faut que les frères de Wit sauvent leur vie pour sauver leur renommée. Nous morts, qui nous défendra, Corneille ? Qui nous aura seulement compris ?

— Vous croyez donc qu'ils nous tueraient s'ils trouvaient ces papiers?

Jean, sans répondre à son frère, étendit la main vers le Buytenhoff, d'où s'élançaient en ce moment des bouffées de clameurs féroces.

— Oui, oui, dit Corneille, j'entends bien ces clameurs, mais ces clameurs que disent-elles?

Jean ouvrit la fenêtre.

— Mort aux traîtres! hurlait la populace.

— Entendez-vous maintenant, Corneille?

— Et les traîtres, c'est nous! dit le prisonnier en levant les yeux au ciel et en haussant les épaules.

— C'est nous, répéta Jean de Witt.

— Où est Craëcke?

A la porte de votre chambre, je présume.

— Faites-le entrer alors.

Jean ouvrit la porte; le fidèle serviteur attendait en effet sur le seuil.

— Venez, Craëcke, et retenez bien ce que mon frère va vous dire.

— Oh! non, il ne suffit pas de dire, Jean; il faut que j'écrive, malheureusement.

— Et pourquoi cela?

— Parce que van Baerle ne rendra pas ce dépôt ou ne le brûlera pas sans un ordre précis.

— Mais pourrez-vous écrire, mon cher ami? demanda Jean, à l'aspect de ces pauvres mains toutes brûlées et toutes meurtries.

— Oh! si j'avais plume et encre, vous verriez! dit Corneille.

— Voici un crayon au moins.

— Avez-vous du papier, car on ne m'a rien laissé ici ?

— Cette Bible. Déchirez en la première feuille.

— Bien.

— Mais votre écriture sera illisible ?

— Allons donc! dit Corneille en regardant son frère. Ces doigts qui ont résisté aux mèches du bourreau, cette volonté qui a dompté sa douleur, vont s'unir d'un commun effort, et, soyez tranquille, mon frère, la ligne sera tracée sans un seul tremblement.

Et en effet, Corneille prit le crayon et écrivit.

Alors on put voir sous le linge blanc transparaître les gouttes de sang que la pression des doigts sur le crayon chassait des chairs ouvertes.

La sueur ruisselait des tempes du grand pensionnaire.

Corneille écrivit :

« Cher filleul,

« Brûle le dépôt que je t'ai confié, brûle-
« le sans le regarder, sans l'ouvrir, afin

« qu'il te demeure inconnu à toi-même.
« Les secrets du genre de celui qu'il con-
« tient tuent les dépositaires. Brûle, et tu
« auras sauvé Jean et Corneille.

« Adieu et aime-moi.

« 20 août 1672.

« Corneille DE WITT. »

Jean, les larmes aux yeux, essuya une goutte de ce noble sang qui avait taché la feuille, la remit à Craëcke avec une dernière recommandation, et revint à Corneille, que la souffrance venait de pâlir encore, et qui semblait près de s'évanouir.

— Maintenant, dit-il, quand ce brave

Craëcke aura fait entendre son ancien sifflet de contre-maître, c'est qu'il sera hors des groupes, de l'autre côté du vivier... Alors nous partirons à notre tour.

Cinq minutes ne s'étaient pas écoulées, qu'un long et vigoureux coup de sifflet perça de son roulement marin les dômes de feuillage noir des ormes et domina les clameurs du Buytenhoff.

Jean leva ses bras au ciel pour le remercier.

— Et maintenant, dit-il partons, Corneille.

III

III

L'élève de Jean de Witt.

Tandis que les hurlements de la foule rassemblée sur le Buytenhoff, montant toujours plus effrayants vers les deux frères, déterminaient Jean de Witt à presser le départ de son frère Corneille, une députation de bourgeois était allée, comme nous l'avons dit, à la maison de ville, pour demander l'expulsion du corps de cavalerie de Tilly.

Il n'y avait pas loin du Buytenhoff au Hoogtraët; aussi vit-on un étranger qui depuis le moment où cette scène avait commencé en suivait les détails avec curiosité, se diriger avec les autres, ou plutôt à la suite des autres, vers la maison de ville, pour apprendre plus tôt la nouvelle de ce qui allait s'y passer.

Cet étranger était un homme très jeune, âgé de vingt-deux ou vingt-trois ans à peine, sans vigueur apparente. Il cachait, car sans doute il avait des raisons pour ne pas être reconnu, sa figure pâle et longue sous un fin mouchoir de toile de Frise, avec lequel il ne cessait d'essuyer son front mouillé de sueur ou ses lèvres brûlantes.

L'œil fixe comme celui de l'oiseau de proie, le nez aquilin et long, la bouche fine et droite, ouverte ou plutôt fendue comme les lèvres d'une blessure, cet homme eût offert à Lavater, si Lavater eût vécu à cette époque, un sujet d'études physiologiques qui d'abord n'eussent pas tourné à son avantage.

Entre la figure du conquérant et celle du pirate, disaient les anciens, quelle différence trouvera-t-on? Celle que l'on trouve entre l'aigle et le vautour.

La sérénité de l'inquiétude.

Aussi cette physionomie livide, ce corps grêle et souffreteux, cette démarche inquiète qui s'en allaient du Buytenhoff au Hoogstraët à la suite de tout ce peuple hurlant, c'était le type de l'image d'un maître soupçonneux ou d'un voleur inquiet; et un homme de police eût certes opté pour ce dernier renseignement, à cause du soin que celui dont nous nous occupons en ce moment prenait de se cacher.

D'ailleurs, il était vêtu simplement et sans armes apparentes; son bras maigre, mais nerveux; sa main sèche, mais blanche, fine, aristocratique, s'appuyait non pas au bras, mais sur l'épaule d'un officier qui, le poing à l'épée, avait, jusqu'au moment où son compagnon s'était mis en route et l'avait entraîné avec lui, regardé toutes les scènes du Buytenhoff avec un intérêt facile à comprendre.

Arrivé sur la place de Hoogstraët, l'homme au visage pâle poussa l'autre sous l'abri d'un contrevent ouvert et fixa les yeux sur le balcon de l'hôtel de ville.

Aux cris forcenés du peuple, la fenêtre du Hoogstraët s'ouvrit et un homme s'avança pour dialoguer avec la foule.

— Qui paraît là au balcon? demanda le jeune homme à l'officier en lui montrant de l'œil seulement le harangueur, qui paraissait fort ému et qui se soutenait à la balustrade plutôt qu'il ne se penchait sur elle.

— C'est le député Bowelt, répliqua l'officier..

— Quel homme est ce député Bowelt? le connaissez-vous?

— Mais un brave homme, à ce que je crois du moins, monseigneur.

Le jeune homme, en entendant cette appréciation du caractère de Bowelt faite par l'officier, laissa échapper un mouvement de désappointement si étrange, de mécontentement si visible, que l'officier le remarqua et se hâta d'ajouter:

— On le dit, du moins, monseigneur. Quant à moi, je ne puis rien affirmer, ne connaissant pas personnellement M. Bowelt.

— Brave homme, répéta celui-ci qu'on avait appelé monseigneur; est-ce brave homme que vous voulez dire ou homme brave?

— Ah! monseigneur m'excusera; je n'oserais établir cette distinction vis-à-vis d'un homme que, je le répète à Son Altesse, je ne connais que de visage.

— Au fait, murmura le jeune homme, attendons, et nous allons bien voir.

L'officier inclina la tête en signe d'assentiment et se tut.

— Si ce Bowelt est un brave homme, continua l'Altesse, il va drôlement recevoir la demande que ces furieux viennent lui faire.

Et le mouvement nerveux de sa main qui s'agitait malgré lui sur l'épaule de son compagnon, comme eussent fait les doigts d'un instrumentiste sur les touches d'un clavier, trahissait son ardente impatience si mal déguisée en certains moments, et dans ce moment surtout, sous l'air glacial et sombre de la figure.

On entendit alors le chef de la députation bourgeoise interpeller le député pour lui faire dire où se trouvaient les autres députés ses collègues.

— Messieurs, répéta pour la seconde fois M. Bowelt, je vous dis que dans ce moment je suis seul avec M. d'Asperen, et je ne puis prendre une décision à moi seul.

— L'ordre! l'ordre! crièrent plusieurs milliers de voix.

M. Bowelt voulut parler, mais on n'entendit pas ses paroles et l'on vit seulement ses bras s'agiter en gestes multiples et désespérés.

Mais voyant qu'il ne pouvait se faire

entendre ; il se retourna vers la fenêtre ouverte et appela M. d'Asperen.

M. d'Asperen parut à son tour au balcon, où il fut salué de cris plus énergiques encore que ceux qui avaient dix minutes auparavant accueilli M. Bowelt.

Il n'entreprit pas moins cette tâche difficile de haranguer la multitude ; mais la multitude préféra forcer la garde des Etats, qui d'ailleurs n'opposa aucune résistance au peuple souverain, à écouter la harangue de M. d'Asperen.

— Allons, dit froidement le jeune homme pendant que le peuple s'engouf-

frait par la porte principale du Hoogstraët, il paraît que la délibération aura
lieu à l'intérieur, colonel. Allons entendre la délibération.

— Ah! monseigneur, monseigneur,
prenez garde!

— A quoi?

— Parmi ces députés, il y en a beaucoup qui ont été en relation avec vous,
et il suffit qu'un seul reconnaisse votre
Altesse.

— Oui, pour qu'on m'accuse d'être l'in-
stigateur de tout ceci. Tu as raison, dit
le jeune homme, dont les joues rougi-

rent un instant du regret qu'il avait d'avoir montré tant de précipitation dans ses désirs; oui, tu as raison, restons ici. D'ici, nous les verrons revenir avec ou sans l'autorisation, et nous jugerons de la sorte si M. Bowelt est un brave homme ou un homme brave, ce que je tiens à savoir.

— Mais, fit l'officier en regardant avec étonnement celui à qui il donnait le titre de monseigneur; mais Votre Altesse ne suppose pas un seul instant, je présume, que les députés ordonnent aux cavaliers de Tilly de s'éloigner, n'est-ce pas?

— Pourquoi? demanda froidement le jeune homme.

— Parce que s'ils ordonnaient cela, ce serait tout simplement signer la condamnation à mort de MM. Corneille et Jean de Witt.

— Nous allons voir, répondit froidement l'Altesse ; Dieu seul peut savoir ce qui se passe au cœur des hommes.

L'officier regarda à la dérobée la figure impassible de son compagnon, et pâlit.

C'était à la fois un brave homme et un homme brave que cet officier.

De l'endroit où ils étaient restés, l'Altesse et son compagnon entendaient les rumeurs et les piétinements du peuple dans les escaliers de l'hôtel de ville.

Puis on entendit ce bruit sortir et se répandre sur la place, par les fenêtres ouvertes de cette salle au balcon de laquelle avaient paru MM. Bowelt et d'Asperen, lesquels étaient rentrés à l'intérieur, dans la crainte, sans doute, qu'en les poussant, le peuple ne les fît sauter par-dessus la balustrade.

Puis on vit des ombres tournoyantes et tumultueuses passer devant ces fenêtres.

La salle des délibérations s'emplissait.

Soudain le bruit s'arrêta; puis, soudain encore, il redoubla d'intensité, et atteignit à un tel degré d'explosion, que le vieil édifice en trembla jusqu'au faîte.

Puis enfin le torrent se reprit à rouler par les galeries et les escaliers jusqu'à la porte, sous la voûte de laquelle on le vit déboucher comme une trombe.

En tête du premier groupe, volait plutôt qu'il ne courait, un homme hideusement défiguré par la joie.

C'était le chirurgien Tyckelaër.

— Nous l'avons! nous l'avons! cria-t-il en agitant un papier en l'air.

— Ils ont l'ordre! murmura l'officier stupéfait.

— Eh bien, me voilà fixé, dit tranquillement l'Altesse. Vous ne saviez pas, mon cher colonel, si M. Bowelt était un brave homme ou un homme brave. Ce n'est ni l'un ni l'autre.

Puis continuant à suivre de l'œil, sans sourciller, toute cette foule qui roulait devant lui.

— Maintenant, dit-il, venez au Buytenhoff, colonel; je crois que nous allons voir un spectacle étrange.

L'officier s'inclina et suivit son maître sans répondre.

La foule était immense sur la place et aux abords de la prison. Mais les cavaliers de Tilly la contenaient toujours avec le même bonheur et surtout avec la même fermeté.

Bientôt, le comte entendit la rumeur croissante que faisait en s'approchant ce flux d'hommes, dont il aperçut bientôt les premières vagues roulant avec la rapidité d'une cataracte qui se précipite.

En même temps, il aperçut le papier qui flottait en l'air, au-dessus des mains crispées et des armes étincelantes.

— Eh! fit-il, en se levant sur ses étriers et en touchant son lieutenant du pommeau de son épée, je crois que les misérables ont leur ordre.

— Lâches coquins! cria le lieutenant.

C'était en effet l'ordre, que la compagnie des bourgeois reçut avec des rugissements joyeux.

Elle s'ébranla aussitôt et marcha les armes basses et en poussant de grands cris à l'encontre des cavaliers du comte de Tilly.

Mais le comte n'était pas homme à les laisser approcher plus que de mesure.

— Halte! cria-t-il, halte! et que l'on dégage le poitrail de mes chevaux, où je commande : En avant !

— Voici l'ordre ! répondirent cent voix insolentes.

Il le prit avec stupeur, jeta dessus un regard rapide, et tout haut.

— Ceux qui ont signé cet ordre, dit-il, sont les véritables bourreaux de M. Corneille de Witt. Quant à moi, je ne voudrais pas pour mes deux mains avoir écrit une seule lettre de cet ordre infâme.

En repoussant du pommeau de son

épée l'homme qui voulait le lui reprendre.

— Un moment, dit-il, un écrit comme celui-là est d'importance et se garde.

Il plia le papier et le mit avec soin dans la poche de son justaucorps.

Puis se retournant vers sa troupe.

— Cavaliers de Tilly, cria-t-il, file à droite !

Puis à demi-voix, et cependant de façon à ce que ses paroles ne fussent pas perdues pour tout le monde.

— Et maintenant, égorgeurs, dit-il, faites votre œuvre.

Un cri furieux composé de toutes les haines avides et de toutes les joies féroces qui râlaient sur le Buytenhoff accueillit ce départ.

Les cavaliers défilaient lentement.

Le comte resta derrière, faisant face jusqu'au dernier moment à la populace ivre qui gagnait au fur et à mesure le terrain que perdait le cheval du capitaine.

Comme on voit, Jean de Witt ne s'était

pas exagéré le danger quand, aidant son frère à se lever, il le pressait de partir.

Corneille descendit donc, appuyé au bras de l'ex-grand pensionnaire, l'escalier qui conduisait dans la cour.

Au bas de l'escalier, il trouva la belle Rosa toute tremblante.

— Oh! monsieur Jean, dit celle-ci, quel malheur!

— Qu'y a-t-il donc, mon enfant? demanda de Witt.

— Il y a que l'on dit qu'ils sont allés chercher au Hoogstraët l'ordre qui doit éloigner les cavaliers du comte de Tilly.

— Oh! oh! fit Jean. En effet, ma fille; si les cavaliers s'en vont, la position est mauvaise pour nous.

—Aussi, si j'avais un conseil à vous donner... dit la jeune fille toute tremblante.

— Donne, mon enfant. Qu'y aurait-il d'étonnant que Dieu me parlât par ta bouche?

— Eh bien! monsieur Jean, je ne sortirais point par la grande rue.

— Et pourquoi cela, puisque les cavaliers de Tilly sont toujours à leur poste?

— Oui, mais tant qu'il ne sera pas révoqué, cet ordre est de rester devant la prison.

— Sans doute.

— En avez-vous un pour qu'il vous accompagne jusque hors la ville ?

— Non.

— Eh bien ! du moment où vous allez avoir dépassé les premiers cavaliers vous tomberez aux mains du peuple.

— Mais la garde bourgeoise ?

— Oh ! la garde bourgeoise, c'est la plus enragée.

— Que faire, alors ?

— A votre place, monsieur Jean, continua timidement la jeune fille, je sortirais par la poterne. L'ouverture donne sur une rue déserte, car tout le monde est dans la grande rue, attendant à l'entrée principale, et je gagnerais celle des portes de la ville par laquelle vous voulez sortir.

— Mais mon frère ne pourra marcher, dit Jean.

— J'essaierai, répondit Corneille avec une expression de fermeté sublime.

— Mais n'avez-vous pas votre voiture ? demanda la jeune fille.

— La voiture est là, au seuil de la grande porte.

— Non, répondit la jeune fille, j'ai pensé que votre cocher était un homme dévoué, et je lui ai dit d'aller vous attendre à la poterne.

Les deux frères se regardèrent avec attendrissement, et leur double regard, lui apportant toute l'expression de leur reconnaissance, se concentra sur la jeune fille.

— Maintenant, dit le grand pensionnaire, reste à savoir si Gryphus voudra bien nous ouvrir cette porte.

— Oh! non, dit Rosa, il ne voudra pas.

— Eh bien alors?

— Alors, j'ai prévu son refus, et tout à l'heure, tandis qu'il causait par la fenêtre de la geôle avec un pistolier, j'ai pris la clef au trousseau.

— Et tu l'as, cette clef?

— La voici, monsieur Jean.

— Mon enfant, dit Corneille, je n'ai rien à te donner en échange du service que tu me rends, excepté la Bible que tu trouveras dans ma chambre : c'est le dernier présent d'un honnête homme ; j'espère qu'il te portera bonheur.

— Merci, monsieur Corneille, elle ne me quittera jamais, répondit la jeune fille.

Puis à elle-même et en soupirant.

— Quel malheur que je ne sache pas lire ! dit-elle.

— Voici les clameurs qui redoublent, ma fille, dit Jean ; je crois qu'il n'y a pas un instant à perdre.

— Venez donc, dit la belle Frisonne, et par un couloir intérieur, elle conduisit les deux frères au côté opposé de la prison.

Toujours guidés par Rosa, ils descendirent un escalier d'une douzaine de marches, traversèrent une petite cour aux remparts crénelés, et la porte cintrée s'étant ouverte, ils se retrouvèrent de l'autre côté de la prison dans la rue déserte, en face de la voiture qui les attendait, le marchepied abaissé.

— Eh! vite, vite, vite, mes maîtres, les entendez-vous? cria le cocher tout effaré.

Mais après avoir fait monter Corneille le premier, le grand pensionnaire se retourna vers la jeune fille.

— Adieu, mon enfant, dit-il ; tout ce que nous pourrions te dire ne t'exprimerait que faiblement notre reconnaissance. Nous te recommandons à Dieu, qui se souviendra, j'espère, que tu viens de sauver la vie de deux hommes.

Rosa prit la main que lui tendait le grand pensionnaire et la baisa respectueusement.

— Allez, dit-elle, allez, on dirait qu'ils enfoncent la porte.

Jean de Witt monta précipitamment, prit place près de son frère, et ferma le mantelet de la voiture en criant :

— Au Tol-Hek !

Le Tol-Hek était la grille qui fermait la porte conduisant au petit port de Schweningen, dans lequel un petit bâtiment attendait les deux frères.

La voiture partit au galop de deux vigoureux chevaux flamands et emporta les fugitifs.

Rosa les suivit jusqu'à ce qu'ils eussent tourné l'angle de la rue.

Alors elle rentra fermer la porte derrière elle et jeta la clef dans un puits.

Ce bruit, qui avait fait pressentir à Rosa que le peuple enfonçait la porte, était en effet celui du peuple, qui, après avoir fait évacuer la place de la prison, se ruait contre cette porte.

Si solide qu'elle fût, et quoique le geôlier Gryphus, il faut lui rendre cette justice, se refusât obstinément d'ouvrir cette porte, on sentait qu'elle ne résisterait pas longtemps, et Gryphus, fort pâle, se demandait si mieux ne valait pas ouvrir que briser cette porte, lorsqu'il sentit qu'on le tirait doucement par l'habit.

Il se retourna et vit Rosa.

— Tu entends les enragés ? dit-il.

— Je les entends si bien, mon père, qu'à votre place...

— Tu ouvrirais, n'est-ce pas ?

— Non, je laisserais enfoncer la porte.

— Mais ils vont me tuer.

— Oui, s'ils vous voient.

— Comment veux-tu qu'ils ne me voient pas ?

— Cachez-vous.

— Où cela ?

— Dans le cachot secret.

— Mais toi, mon enfant ?

— Moi, mon père, j'y descendrai avec vous. Nous fermerons la porte sur nous, et quand ils auront quitté la prison, eh bien, nous sortirons de notre cachette.

— Tu as, pardieu ! raison, s'écria Gryphus ; c'est étonnant, ajouta-t-il, ce qu'il y a de jugement dans cette petite tête.

Puis, comme la porte s'ébranlait à la grande joie de la populace,

— Venez, venez, mon père, dit Rosa en ouvrant une petite trappe.

— Mais cependant, nos prisonniers? fit Gryphus.

— Dieu veillera sur eux, mon père, dit la jeune fille; permettez-moi de veiller sur vous.

Gryphus suivit sa fille, et la trappe retomba sur leur tête, juste au moment où la porte brisée donnait passage à la populace.

Au reste, ce cachot où Rosa faisait descendre son père et qu'on appelait le cachot secret offrait aux deux personnages que nous allons être forcés d'abandonner pour un instant un sûr asile, n'étant connu que des autorités qui parfois y enfermaient quelqu'un de ces grands coupables pour lesquels on craint quelques révoltes ou quelque enlèvement.

Le peuple se rua dans la prison en criant : — Mort aux traîtres ! à la potence Corneille de Witt ! à mort ! à mort !

IV

IV

L'élève de Jean de Witt.
— SUITE. —

Le jeune homme toujours abrité par son grand chapeau, toujours s'appuyant au bras de l'officier, toujours essuyant son front et ses lèvres avec son mouchoir, le jeune homme immobile regardait seul, en un coin du Buytenhoff perdu dans l'ombre d'un auvent surplombant une boutique fumée, le spectacle que lui donnait cette populace furieuse et qui paraissait approcher de son dénouement.

— Oh! dit-il à l'officier, je crois que vous aviez raison, van Deken, et que l'ordre que messieurs les députés ont signé est le véritable ordre de mort de M. Corneille. Entendez-vous ce peuple? il en veut décidément beaucoup aux messieurs de Witt!

— En vérité, dit l'officier, je n'ai jamais entendu de clameurs pareilles.

— Il faut croire qu'ils ont trouvé la prison de notre homme. Ah! tenez, cette fenêtre n'était-elle pas celle de la chambre où a été enfermé M. Corneille?

En effet, un homme saisissait à pleines mains et secouait violemment le treillage de fer qui fermait la fenêtre du cachot de Corneille, et que celui-ci venait de quitter il n'y avait pas plus de dix minutes.

— Hurrah! hurrah! criait cet homme. il n'y est plus!

— Comment, il n'y est plus! demandèrent de la rue ceux qui, arrivés les derniers, ne pouvaient entrer tant la prison était pleine.

— Non! non! répétait l'homme furieux, il n'y est plus; il faut qu'il se soit sauvé.

— Que dit donc cet homme! demanda en pâlissant l'Altesse.

— Oh! monseigneur, il dit une nouvelle qui serait bien heureuse si elle était vraie.

— Oui, sans doute, ce serait une bienheureuse nouvelle si elle était vraie, dit le jeune homme; malheureusement elle ne peut pas l'être.

— Cependant, voyez... dit l'officier.

En effet, d'autres visages, furieux, grinçants de colère, se montraient aux fenêtres en criant:

— Sauvé ! évadé ! ils l'ont fait fuir.

Et le peuple, resté dans la rue, répétait avec d'effroyables imprécations : — Sauvés ! évadés ! courons après eux, poursuivons-les !

— Monseigneur, il paraît que M. Corneille de Witt est bien réellement sauvé, dit l'officier.

— Oui, de la prison peut-être, répondit celui-ci, mais pas de la ville ; vous verrez, van Deken, que le pauvre homme trouvera fermée la porte qu'il croyait trouver ouverte.

— L'ordre de fermer les portes de la ville a-t-il donc été donné, monseigneur ?

— Non, je ne crois pas; qui aurait donné cet ordre?

— Eh bien ! qui vous fait supposer ?

— Il y a des fatalités, répondit négligemment l'Altesse, et les plus grands hommes sont parfois tombés victimes de ces fatalités-là.

L'officier sentit à ces mots courir un frisson dans ses veines, car il comprit que d'une façon ou de l'autre, le prisonnier était perdu.

En ce moment, les rugissements de la foule éclataient comme un tonnerre, car il lui était bien démontré que Cornélius de Witt n'était plus dans la prison.

En effet, Corneille et Jean, après avoir longé le vivier, avaient pris la grande rue qui conduit au Tol-Hek, tout en recommandant au cocher de ralentir le pas de ses chevaux pour que le passage de leur carrosse n'éveillât aucun soupçon.

Mais arrivé au milieu de cette rue, quand il vit de loin la grille, quand il sentit qu'il laissait derrière lui la prison et la mort et qu'il avait devant lui la vie et la liberté, le cocher négligea toute précaution et mit le carrosse au galop.

Tout à coup il s'arrêta.

— Qu'y a-t-il? demanda Jean en passant la tête par la portière.

— Oh! mes maîtres, s'écria le cocher, il y a...

La terreur étouffait la voix du brave homme.

— Voyons, achève, dit le grand pensionnaire.

— Il y a que la grille est fermée!

— Comment la grille est fermée! Ce n'est pas l'habitude de fermer la grille pendant le jour.

— Voyez plutôt.

Jean de Witt se pencha en dehors de la voiture et vit en effet la grille fermée.

— Va toujours, dit Jean, j'ai sur moi l'ordre de commutation, le portier ouvrira.

La voiture reprit sa course, mais on sentait que le cocher ne poussait plus ses chevaux avec la même confiance.

Puis en sortant sa tête par la portière, Jean de Witt avait été vu et reconnu par un brasseur qui, en retard sur ses compagnons, fermait sa porte à toute hâte, pour aller les rejoindre sur le Buytenhoff,

Il poussa un cri de surprise, et courut après deux autres hommes qui couraient devant lui.

Au bout de cent pas il les rejoignit et leur parla ; les trois hommes s'arrêtèrent, regardant s'éloigner la voiture, mais encore peu sûrs de ceux qu'elle renfermait.

La voiture, pendant ce temps, arrivait au Tol-Hek.

— Ouvrez ! cria le cocher.

— Ouvrir, dit le portier paraissant sur

le seuil de sa maison, ouvrir, et avec quoi?

— Avec la clef, parbleu! dit le cocher.

— Avec la clef, oui; mais il faudrait l'avoir pour cela.

— Comment! vous n'avez pas la clef de la porte? demanda le cocher.

— Non.

— Qu'en avez-vous donc fait?

— Dame! on me l'a prise.

— Qui cela?

— Quelqu'un qui probablement tenait à ce que personne ne sortît de la ville.

— Mon ami, dit le grand pensionnaire sortant la tête de la voiture et risquant le tout pour le tout, mon ami, c'est pour moi Jean de Witt et pour mon frère Corneille, que j'emmène en exil.

— Oh! monsieur de Witt, je suis au désespoir, dit le portier se précipitant vers la voiture, mais sur l'honneur, la clef m'a été prise.

— Quand cela?

— Ce matin.

— Par qui ?

— Par un jeune homme de vingt-deux ans, pâle et maigre.

— Et pourquoi la lui avez-vous remise ?

— Parce qu'il avait un ordre signé et scellé.

— De qui ?

— Mais de messieurs de l'hôtel de ville.

— Allons, dit tranquillement Corneille, il paraît que bien décidément nous sommes perdus.

— Sais-tu si la même précaution a été prise partout?

— Je ne sais.

— Allons, dit Jean au cocher, Dieu ordonne à l'homme de faire tout ce qu'il peut pour conserver sa vie; gagne une autre porte.

Puis, tandis que le cocher faisait tourner la voiture.

— Merci de ta bonne volonté, mon ami, dit Jean au portier; l'intention est réputée pour le fait: tu avais l'intention de nous sauver, et, aux yeux du Seigneur, c'est comme si tu avais réussi.

— Ah! dit le portier, voyez-vous là-bas?

— Passe au galop à travers ce groupe, cria Jean au cocher, et prends la rue à gauche ; c'est notre seul espoir.

Le groupe dont parlait Jean avait eu pour noyau les trois hommes que nous avons vus suivre des yeux la voiture, et qui depuis ce temps et pendant que Jean parlementait avec le portier s'était grossi de sept ou huit nouveaux individus.

Ces nouveaux arrivants avaient évidemment des intentions hostiles à l'endroit du carrosse.

Aussi, voyant les chevaux venir sur eux au grand galop, se mirent-ils en travers de la rue en agitant leurs bras armés de bâtons et criant : Arrête ! arrête !

De son côté, le cocher se pencha sur eux et les sillonna de coups de fouet.

La voiture et les hommes se heurtèrent enfin.

Les frères de Witt ne pouvaient rien voir, enfermés qu'ils étaient dans la voiture. Mais ils sentirent les chevaux se cabrer, puis éprouvèrent une violente secousse. Il y eut un moment d'hésitation et de tremblement dans toute la machine roulante qui s'emporta de nouveau, passant sur quelque chose de rond et de flexible qui semblait être le corps d'un homme renversé, et s'éloigna au milieu des blasphèmes.

— Oh! dit Corneille, je crains bien que nous n'ayons fait un malheur.

— Au galop! au galop! cria Jean.

Mais, malgré cet ordre, tout à coup le cocher s'arrêta.

— Eh bien? demanda Jean.

— Voyez-vous? dit le cocher.

Jean regarda.

Toute la populace du Buytenhoff apparaissait à l'extrémité de la rue que devait suivre la voiture, et s'avançait hurlante et rapide comme un ouragan.

— Arrête et sauve-toi, dit Jean au cocher; il est inutile d'aller plus loin ; nous sommes perdus.

— Les voilà ! les voilà ! crièrent ensemble cinq cents voix.

— Oui, les voilà, les traîtres ! les meurtriers! les assassins! répondirent à ceux qui venaient au-devant de la voiture ceux qui couraient après elle, portant dans leurs bras le corps meurtri d'un de leurs compagnons, qui, ayant voulu sauter à la bride des chevaux, avait été renversé par eux.

C'était sur lui que les deux frères avaient senti passer la voiture.

Le cocher s'arrêta ; mais quelques instances que lui fît son maître, il ne voulut point se sauver.

En un instant le carrosse se trouva pris entre ceux qui couraient après lui et ceux qui venaient au-devant de lui.

En un instant, il domina toute cette foule agitée comme une île flottante.

Tout à coup l'île flottante s'arrêta. Un maréchal venait, d'un coup de masse, d'assommer un des deux chevaux, qui tomba dans les traits.

En ce moment le volet d'une fenêtre s'entr'ouvrit et l'on put voir le visage livide et les yeux sombres du jeune homme pâle se fixant sur le spectacle qui se préparait.

Derrière lui apparaissait la tête de l'officier presqu'aussi pâle que la sienne.

— Oh! mon Dieu! mon Dieu! monseigneur, que va-t-il se passer? murmura l'officier.

— Quelque chose de terrible bien certainement, répondit celui-ci.

— Oh! voyez-vous, monseigneur, ils tirent le grand pensionnaire de la voiture, ils le battent, ils le déchirent.

— En vérité, il faut que ces gens-là soient animés d'une bien violente indignation, fit le jeune homme du même ton impassible qu'il avait conservé jusqu'alors.

— Et voici Corneille qu'ils tirent à son tour du carrosse, Corneille déjà tout brisé, tout mutilé par la torture. Oh! voyez donc, voyez donc.

— Oui, en effet, c'est bien Corneille.

L'officier poussa un faible cri et détourna la tête.

C'est que, sur le dernier degré du marchepied, avant même qu'il eût touché la terre, le Ruart venait de recevoir un coup de barre de fer qui lui avait brisé la tête.

Il se releva cependant, mais pour retomber aussitôt.

Puis, des hommes le prenant par les pieds, le tirèrent dans la foule, au milieu de laquelle on put suivre le sillage sanglant qu'il y traçait et qui se refermait derrière lui avec de grandes huées pleines de joies.

Le jeune homme devint plus pâle encore, ce qu'on eût cru impossible, et son œil se voila un instant sous sa paupière.

L'officier vit ce mouvement de pitié, le premier que son sévère compagnon eût laissé échapper, et voulant profiter de cet amollissement de son âme.

— Venez, venez, monseigneur, dit-il, car voilà qu'on va assassiner aussi le grand pensionnaire.

Mais le jeune homme avait déjà ouvert les yeux.

— En vérité! dit-il. Ce peuple est implacable. Il ne fait pas bon de le trahir.

— Monseigneur, dit l'officier, est-ce qu'on ne pourrait pas sauver ce pauvre homme qui a élevé Votre Altesse? — S'il y a un moyen, dites-le, et dussé-je y perdre la vie...

Guillaume d'Orange, car c'était lui, plissa son front d'une façon sinistre, éteignit l'éclair de sombre fureur qui étincelait sous sa paupière et répondit :

— Colonel van Deken, allez, je vous

prie, trouver mes troupes, afin qu'elles prennent les armes à tout évènement.

— Mais laisserai-je donc monseigneur seul ici, en face de ces assassins?

— Ne vous inquiétez pas de moi plus que je ne m'en inquiète, dit brusquement le prince. — Allez.

L'officier partit avec une rapidité qui témoignait bien moins de son obéissance que de la joie de n'assister point au hideux assassinat du second des frères.

Il n'avait point fermé la porte de la chambre que Jean, qui par un effort suprême avait gagné le perron d'une maison située presqu'en face de celle où était caché son élève, chancela sous les secousses qu'on lui imprimait de dix côtés à la fois en disant :

— Mon frère, où est mon frère ?

Un de ces furieux lui jeta bas son chapeau d'un coup de poing.

Un autre lui montra le sang qui teignait ses mains, celui-là venait d'éventrer Corneille, et il accourait pour ne point perdre l'occasion d'en faire autant au grand pensionnaire, tandis que l'on traînait au gibet le cadavre de celui qui était déjà mort.

Jean poussa un gémissement lamentable et mit une de ses mains sur ses yeux.

— Ah! tu fermes les yeux, dit un des soldats de la garde bourgeoise, eh bien je vais te les crever, moi!

Et il lui poussa dans le visage un coup de pique sous lequel le sang jaillit.

— Mon frère! cria de Witt essayant de voir ce qu'était devenu Corneille, à travers le flot de sang qui l'aveuglait : mon frère!

— Va le rejoindre! hurla un autre assassin en lui appliquant son mousquet sur la tempe et en lâchant la détente.

Mais le coup ne partit point.

Alors le meurtrier retourna son arme, et la prenant à deux mains par le canon, il assomma Jean de Witt d'un coup de crosse.

Jean de Witt chancela et tomba à ses pieds.

Mais aussitôt, se relevant par un suprême effort.

— Mon frère! cria-t-il d'une voix tellement lamentable que le jeune homme tira le contrevent sur lui.

D'ailleurs il restait peu de chose à voir, car un troisième assassin lui lâcha à bout portant un coup de pistolet qui partit cette fois et lui fit sauter le crâne.

Jean de Witt tomba pour ne plus se relever.

Alors chacun de ces misérables, enhardi par cette chute, voulut décharger son arme sur le cadavre. Chacun voulut donner un coup de masse, d'épée ou de couteau, chacun voulut tirer sa goutte de sang, arracher son lambeau d'habits.

Puis quand ils furent tous deux bien meurtris, bien déchirés, bien dépouillés, la populace les traîna nus et sanglants à un gibet improvisé, où des bourreaux amateurs les suspendirent par les pieds.

Alors arrivèrent les plus lâches, qui n'ayant pas osé frapper la chair vivante, taillèrent en lambeaux la chair morte, puis s'en allèrent vendre par la ville des petits morceaux de Jean et de Corneille à dix sous la pièce.

Nous ne pourrions dire si à travers l'ouverture presque imperceptible du volet, le jeune homme vit la fin de cette terrible scène; mais au moment même où l'on pendait les deux martyrs au gibet, il traversait la foule qui était trop occupée de la joyeuse besogne qu'elle accomplissait pour s'inquiéter de lui, et gagnait le Tol-Hek toujours fermé.

— Ah ! monsieur, s'écria le portier, me rapportez-vous la clef?

— Oui, mon ami, la voilà, répondit le jeune homme.

— Oh ! c'est un bien grand malheur que vous ne m'ayez pas rapporté cette clef seulement une demi-heure plus tôt, dit le portier en soupirant.

— Et pourquoi cela ? demanda le jeune homme.

— Parce que j'eusse pu ouvrir aux messieurs de Witt. Tandis que, ayant trouvé la porte fermée, ils ont été obligés de rebrousser chemin. Ils sont tombés au milieu de ceux qui les poursuivaient.

— La porte! la porte! s'écria une voix qui semblait être celle d'un homme pressé.

Le prince se retourna et reconnut le colonel van Deken.

— C'est vous, colonel? dit-il. Vous n'êtes pas encore sorti de la Haye? C'est accomplir tardivement mon ordre.

— Monseigneur, répondit le colonel,

voilà la troisième porte à laquelle je me présente, j'ai trouvé les deux autres fermées.

— Eh bien! ce brave homme va nous ouvrir celle-ci. — Ouvre, mon ami, dit le prince au portier qui était resté tout ébahi à ce titre de monseigneur que venait de donner le colonel van Deken à ce jeune homme pâle auquel il venait de parler si familièrement.

Aussi, pour réparer sa faute, se hâta-t-il d'ouvrir le Tol-Hek, qui roula en criant sur ses gonds.

— Monseigneur veut-il mon cheval? demanda le colonel à Guillaume.

— Merci, colonel, je dois avoir une monture qui m'attend à quelques pas d'ici.

Et prenant un sifflet d'or dans sa poche, il tira de cet instrument, qui à cette époque servait à appeler les domestiques, un son aigu et prolongé, au retentissement duquel accourut un écuyer à cheval et tenant un second cheval en main.

Guillaume sauta sur le cheval sans se servir de l'étrier, et piquant des deux, il gagna la route de Leyde.

Quand il fut là, il se retourna.

Le colonel le suivait à une longueur de cheval.

Le prince lui fit signe de prendre rang à côté de lui.

— Savez-vous, dit-il sans s'arrêter, que ces coquins-là ont tué aussi M. Jean de Witt comme ils venaient de tuer Corneille?

— Ah! monseigneur, dit tristement le colonel, j'aimerais mieux pour vous que restassent encore ces deux difficultés à franchir pour être de fait le stathouder de Hollande.

— Certes, il eût mieux valu, dit le jeune

homme, que ce qui vient d'arriver n'arrivât pas. Mais enfin ce qui est fait est fait, nous n'en sommes pas la cause. Piquons vite, colonel, pour arriver à Alphen avant le message que certainement les États vont m'envoyer au camp.

Le colonel s'inclina, laissa passer devant son prince, et prit à sa suite la place qu'il tenait avant qu'il lui adressât la parole.

— Ah! je voudrais bien, murmura méchamment Guillaume d'Orange en fronçant le sourcil, serrant ses lèvres et enfonçant ses éperons dans le ventre de son cheval, je voudrais bien voir la figure que fera Louis le Soleil, quand il apprendra de quelle façon on vient de traiter ses bons amis MM. de Witt! Oh! soleil, soleil, je me nomme Guillaume comme le Taciturne ; soleil, gare à tes rayons !

Et il courut vite sur son bon cheval, ce jeune prince, l'acharné rival du grand roi, ce stathouder si peu solide la veille encore dans sa puissance nouvelle, mais auquel les bourgeois de la Haye venaient de faire un marchepied avec les cadavres de Jean et de Corneille, deux nobles princes aussi, devant les hommes et devant Dieu.

V

V

L'amateur de tulipes et son voisin.

Cependant, tandis que les bourgeois de la Haye mettaient en pièces les cadavres de Jean et de Corneille, tandis que Guillaume d'Orange, après s'être assuré que ses deux antagonistes étaient bien morts, galopait sur la route de Leyde suivi du colonel Van Deken, qu'il trouvait un peu trop compatissant pour lui continuer la confiance dont il l'avait honoré jusque-là, Craëcke, le fidèle serviteur, monté de son côté sur un bon cheval et bien loin de se douter des terribles évènements qui s'étaient accomplis depuis son départ, courait sur les chaussées bordées d'arbres jusqu'à ce qu'il fût hors de la ville et des villages voisins.

Une fois en sûreté, pour ne pas éveiller les soupçons, il laissa son cheval dans une écurie et continua tranquillement son voyage sur des bateaux qui par relais le menèrent à Dordrecht, en passant avec adresse par les plus courts chemins de ces bras sinueux du fleuve, lesquels étreignent sous leurs caresses humides ces îles charmantes bordées de saules, de joncs et d'herbes fleuries dans lesquelles broutent nonchalamment les gras troupeaux reluisants au soleil.

Craëcke reconnut de loin Dordrecht, la ville riante, au bas de sa colline semée de moulins. Il vit les belles maisons rouges aux lignes blanches, baignant dans l'eau leurs pieds de briques, et faisant flotter par les balcons ouverts sur le fleuve leurs tapis de soie diaprés de fleurs d'or, merveilles de l'Inde et de la Chine, et près de ces tapis, ces grandes lignes, pièges permanents pour prendre les anguilles voraces qu'attirent autour des habitations la sportule quotidienne que les cuisines jettent dans l'eau par leurs fenêtres.

Craëcke, du pont de la barque, à travers tous ces moulins aux ailes tournantes, apercevait au déclin du coteau la maison blanche et rose, but de sa mission. Elle perdait les crêtes de son toit dans le feuillage jaunâtre d'un rideau de peupliers et se détachait sur le fond sombre que lui faisait un bois d'ormes gigantesques. Elle était située de telle façon, que le soleil tombant sur elle comme dans un entonnoir, y venait sécher, tiédir et féconder même les derniers brouillards que la barrière de verdure ne pouvait empêcher le vent du fleuve d'y porter chaque matin et chaque soir.

Débarqué au milieu du tumulte ordinaire de la ville, Craëcke se dirigea aussitôt vers la maison dont nous allons offrir à nos lecteurs une indispensable description.

Blanche, nette, reluisante, plus proprement lavée, plus soigneusement cirée aux endroits cachés qu'elle ne l'était aux endroits aperçus, cette maison renfermait un mortel heureux.

Ce mortel heureux, *rara avis,* comme dit Juvénal, était le docteur van Baërle, filleul de Corneille. Il habitait la maison que nous venons de décrire depuis son enfance; car c'était la maison natale de son père et de son grand-père, anciens marchands nobles de la noble ville de Dordrecht.

M. van Baërle le père avait amassé dans

le commerce des Indes trois à quatre cents mille florins que M. van Baërle le fils avait trouvés tous neufs, en 1668, à la mort de ses bons et chers parents, bien que ces florins fussent frappés au millésime, les uns de 1640, les autres de 1610; ce qui prouvait qu'il y avait florins du père van Baërle et florins du grand-père van Baërle; ces quatre-cent-mille florins, hâtons-nous de le dire, n'étaient que la bourse, l'argent de poche de Cornélius van Baërle, le héros de cette histoire, ses propriétés dans la province donnant un revenu de dix-mille florins environ.

Lorsque le digne citoyen père de Cornélius avait passé de vie à trépas, trois mois après les funérailles de sa femme, qui semblait être partie la première pour lui rendre facile le chemin de la mort, comme elle lui avait rendu facile le chemin de la vie, il avait dit à son fils en l'embrassant pour la dernière fois :

— Bois, mange et dépense si tu veux vivre en réalité, car ce n'est pas vivre que de travailler tout le jour sur une chaise de bois ou sur un fauteuil de cuir, dans un laboratoire ou dans un magasin. Tu mourras à ton tour, et si tu n'as pas le bonheur d'avoir un fils, tu laisseras éteindre notre nom, et mes florins étonnés se trouveront avoir un maître inconnu, ces florins neufs que nul n'a jamais pesés que mon père, moi et le fondeur. N'imite pas surtout ton parrain, Corneille de Witt, qui s'est jeté dans la politique, la plus ingrate des carrières, et qui bien certainement finira mal.

Puis il était mort, ce digne M. van Baërle, laissant tout désolé son fils Cornélius, lequel aimait fort peu les florins et beaucoup son père.

Cornélius resta donc seul dans la grande maison.

En vain son parrain Corneille lui offrait-il de l'emploi dans les services publics; en vain voulut-il lui faire goûter de la gloire, quand Cornélius, pour obéir à son parrain, se fut embarqué avec de Ruyter sur le vaisseau *les Sept Provinces*, qui commandait aux cent trente-neuf bâtiments avec lesquels l'illustre amiral allait balancer seul la fortune de la France et de l'Angleterre réunies. Lorsque, conduit par le pilote Léger, il fut arrivé à une portée de mousquet du vaisseau *le Prince*, sur lequel se trouvait le duc d'York, frère du roi d'Angleterre, lorsque l'attaque de Ruyter, son patron, eut été faite si brusque et si habile que, sentant son bâtiment près d'être emporté, le duc d'York n'eut que le temps de se retirer à bord du *Saint-Michel*; lorsqu'il eut vu le *Saint-Michel*, brisé, broyé sous les boulets hollandais, sortir de la ligne; lorsqu'il eut vu sauter un vaisseau, *le comte de Sandwick*, et périr dans les flots ou dans le feu quatre cents matelots; lorsqu'il eut vu jusqu'à la fin de tout cela, après vingt bâtiments mis en morceaux, après trois mille tués, après cinq mille blessés, que rien n'était décidé ni pour ni contre, que chacun s'attribuait la victoire, que c'était à recommencer, et que seulement un nom de plus, la bataille de Soutwood-Bay, était ajouté au catalogue des batailles; quand il eut calculé ce que perd de temps à se boucher les yeux et les oreilles un homme qui veut réfléchir même lorsque ses pareils se canonnent entre eux, Cornélius dit adieu à Ruyter, au Ruart de Pulten et à la gloire, baisa les genoux du grand pensionnaire, qu'il avait en vénération profonde, et rentra dans sa maison de Dordrecht, riche de son repos acquis, de ses vingt-huit ans, d'une santé de fer, d'une vue perçante, et plus que de ses quatre cents mille florins de capital et de ses dix mille florins de revenus, de cette conviction qu'un homme a toujours reçu du ciel trop pour être heureux, assez pour ne l'être pas.

En conséquence et pour se faire un bonheur à sa façon, Cornélius se mit à étudier les végétaux et les insectes, cueillit et classa toute la flore des îles, piqua toute l'entomologie de la province, sur laquelle il composa un traité manuscrit avec planches dessinées de sa main, et enfin, ne sachant plus que faire de son temps et de son argent surtout, qui allait s'augmentant d'une façon effrayante, il se mit à choisir parmi toutes les folies de son pays et de son époque une des plus élégantes et des plus coûteuses.

Il aima les tulipes.

C'était le temps, comme on sait, où les Flamands et les Portugais, exploitant à l'envi ce genre d'horticulture, en étaient arrivés à diviniser la tulipe et à faire de cette fleur venue de l'Orient ce que jamais naturaliste n'avait osé faire de la race humaine, de peur de donner de la jalousie à Dieu.

Bientôt de Dordrecht à Mons il ne fut plus question que des tulipes de mynher van Baërle, et ses planches, ses fosses, ses chambres de séchage, ses cahiers de cayeux furent visités comme jadis les galeries et les bibliothèques d'Alexandrie par les illustres voyageurs romains.

Van Baërle commença par dépenser son revenu de l'année à établir sa collection, puis il ébrécha ses florins neufs à la perfectionner, aussi son travail fut-il récompensé d'un magnifique résultat : il trouva cinq espèces différentes qu'il nomma la *Jeanne,* du nom de sa mère, la *Baërle,* du nom de son père, la *Corneille,* du nom de son parrain ; — les autres noms nous échappent, mais les amateurs pourront bien certainement les retrouver dans les catalogues du temps.

En 1672, au commencement de l'année, Corneille de Witt vint à Dordrecht pour y habiter trois mois dans son ancienne maison de famille ; car on sait que non seulement Corneille était né à Dordrecht, mais que la famille des de Witt était originaire de cette ville.

Corneille commençait dès-lors, comme disait Guillaume d'Orange, à jouir de la plus parfaite impopularité. Cependant, pour ses concitoyens, les bons habitants de Dordrecht, il n'était pas encore un scélérat à pendre, et ceux-ci, peu satisfaits de son républicanisme un peu trop pur, mais fiers de sa valeur personnelle, voulurent bien lui offrir le vin de la ville quand il entra.

Après avoir remercié ses concitoyens, Corneille alla voir sa vieille maison paternelle, et ordonna quelques réparations avant que madame de Witt, sa femme, vînt s'y installer avec ses enfants.

Puis le Ruart se dirigea vers la maison de son filleul, qui seul peut-être à Dordrecht ignorait encore la présence du Ruart dans sa ville natale.

Autant Corneille de Witt avait soulevé de haines en maniant ces graines malfaisantes qu'on appelle les passions politiques, autant van Baërle avait amassé de sympathies en négligeant complètement la culture de la politique, absorbé qu'il était dans la culture de ses tulipes.

Aussi van Baërle était-il chéri de ses domestiques et de ses ouvriers, aussi ne pouvait-il supposer qu'il existât au monde un homme qui voulût du mal à un autre homme.

Et cependant, disons-le à la honte de l'humanité, Cornélius van Baërle avait, sans le savoir, un ennemi bien autrement féroce, bien autrement acharné, bien autrement irréconciliable, que jusque là n'en avaient compté le Ruart et son frère parmi les orangistes les plus hostiles à cette admirable fraternité qui, sans nuage pendant la vie, venait se prolonger par le dévouement au-delà de la mort.

Au moment où Cornélius commença de s'adonner aux tulipes, il y jeta ses revenus de l'année et les florins de son père. Il avait à Dordrecht et demeurant porte à porte avec lui, un bourgeois nommé Isaac Boxtel, qui, depuis le jour où il avait atteint l'âge de connaissance, suivait le même penchant et se pâmait au seul énoncé du mot *tulban*, qui, ainsi que l'assure le *floriste français*, c'est-à-dire l'historien le plus savant de cette fleur, est le premier mot qui, dans la langue du Chingulais, ait servi à désigner ce chef-d'œuvre de la création qu'on appelle la tulipe.

Boxtel n'avait pas le bonheur d'être riche comme van Baërle. Il s'était donc à grand'peine, à force de soins et de patience, fait dans sa maison de Dordrecht un jardin commode à la culture, il avait aménagé le terrain selon les prescriptions voulues, et donné à ses couches précisément autant de chaleur et de fraîcheur que le codex des jardiniers en autorise.

A la vingtième partie d'un degré près, Isaac savait la température de ses châssis. Il savait le poids du vent et le tamisait de façon qu'il l'accommodait au balancement des tiges de ses fleurs. Aussi ses produits commençaient-ils à plaire. Ils étaient beaux, recherchés même. Plusieurs amateurs étaient venus visiter les tulipes de Boxtel. Enfin, Boxtel avait lancé dans le monde des Linnée et des Tournefort une tulipe de son nom. Cette tulipe avait fait son chemin, avait traversé la France, était entrée en Espagne, avait pénétré jusqu'en Portugal, et le roi don Alphonse VI, qui, chassé de Lisbonne, s'était retiré dans l'île de Terceire, où il s'amusait, non pas, comme le grand Condé, à arroser des œillets, mais à cultiver des tulipes, avait dit PAS MAL en regardant la susdite Boxtel.

Tout-à-coup, à la suite de toutes les études auxquelles il s'était livré, la passion de la tulipe ayant envahi Cornélius van Baërle, celui-ci modifia sa maison de Dordrecht, qui, ainsi que nous l'avons dit, était voisine de celle de Boxtel, et fit élever d'un étage certain bâtiment de sa cour, lequel, en s'élevant, ôta environ un demi-degré de chaleur et, en échange, rendit un demi-degré de froid au jardin de Boxtel, sans compter qu'il coupa le vent et dérangea tous les calculs et toute l'économie horticole de son voisin.

Après tout, ce n'était rien que ce malheur aux yeux du voisin Boxtel. Van Baërle n'était qu'un peintre, c'est-à-dire une espèce de fou qui essaie de reproduire sur la toile en les défigurant les merveilles de la nature. Le peintre faisait élever son atelier d'un étage pour avoir meilleur jour, c'était son droit. M. van Baërle était peintre comme M. Boxtel était fleuriste-tulipier; il voulait du soleil pour ses tableaux, il en prenait un demi-degré aux tulipes de M. Boxtel.

La loi était pour M. van Baërle. *Benit sit.*

D'ailleurs, Boxtel avait découvert que trop de soleil nuit à la tulipe, et que cette fleur poussait mieux et plus colorée avec le tiède soleil du matin ou du soir qu'avec le brûlant soleil de midi.

Il sut donc presque gré à Cornélius van Baërle de lui avoir bâti gratis un parasoleil.

Peut-être n'était-ce point tout-à-fait vrai, et ce que disait Boxtel à l'endroit de son voisin van Baërle n'était-il pas l'expression entière de sa pensée. Mais les grandes âmes trouvent dans la philosophie d'étonnantes ressources au milieu des grandes catastrophes.

Mais hélas ! que devint-il, cet infortuné Boxtel, quand il vit les vitres de l'étage nouvellement bâti se garnir d'oignons, de cayeux, de tulipes en pleine terre, de tulipes en pot, enfin de tout ce qui concerne la profession d'un monomane tulipier !

Il y avait les paquets d'étiquettes, il y avait les casiers, il y avait les boîtes à compartiments et les grillages de fer destinés à fermer ces casiers pour y renouveler l'air sans donner accès aux souris, aux charançons, aux loirs, aux mulots et aux rats, curieux amateurs de tulipes à deux mille francs l'oignon.

Boxtel fut fort ébahi lorsqu'il vit tout

ce matériel, mais il ne comprenait pas encore l'étendue de son malheur. On savait van Baërle ami de tout ce qui réjouit la vue. Il étudiait à fond la nature pour ses tableaux, finis comme ceux de Gérard Dow, son maître, et de Miéris, son ami. N'était-il pas possible qu'ayant à peindre l'intérieur d'un tulipier, il eût amassé dans son nouvel atelier tous les accessoires de la décoration !

Cependant, quoique bercé par cette décevante idée, Boxtel ne put résister à l'ardente curiosité qui le dévorait. Le soir venu, il appliqua une échelle contre le mur mitoyen, et regardant chez le voisin Baërle, il se convainquit que la terre d'un énorme carré peuplé naguère de plantes différentes, avait été remuée, disposée en plates-bandes de terreau mêlé de boue de rivière, combinaison essentiellement sympathique aux tulipes, le tout contreforté de bordures de gazon pour empêcher les éboulements. En outre, soleil levant, soleil couchant, ombre ménagée pour tamiser le soleil de midi; de l'eau en abondance et à portée, exposition au sud, sud-ouest, enfin conditions complètes, non-seulement de réussite, mais de progrès. Plus de doute, van Baërle était devenu tulipier.

Boxtel se représenta sur-le-champ ce savant homme aux 400,000 florins de capital, aux 10,000 florins de rente, employant ses ressources morales et phy-

siques à la culture des tulipes en grand.
Il entrevit son succès dans un vague mais
prochain avenir, et conçut, par avance,
une telle douleur de succès, que ses mains
se relâchant, les genoux s'affaissèrent, il
roula désespéré en bas de son échelle.

Ainsi, ce n'était pas pour des tulipes en
peinture, mais pour des tulipes réelles
que van Baërle lui prenait un demi-degré
de chaleur. Ainsi, van Baërle allait avoir
la plus admirable des expositions solaires,
et en outre une vaste chambre où conserver ses oignons et ses cayeux : chambre
éclairée, aérée, ventilée, richesse interdite
à Boxtel, qui avait été forcé de consacrer
à cet usage sa chambre à coucher, et qui,
pour ne pas nuire par l'influence des es-

prits animaux à ses cayeux et à ses tubercules, se résignait à coucher au grenier.

Ainsi porte à porte, mur à mur, Boxtel allait avoir un rival, un émule, un vainqueur, peut-être, et ce rival, au lieu d'être quelque jardinier obscur, inconnu, c'était le filleul de maître Corneille de Witt, c'est-à-dire une célébrité !

Boxtel, on le voit, avait l'esprit moins bien fait que Porus, qui se consolait d'avoir été vaincu par Alexandre, justement à cause de la célébrité de son vainqueur.

En effet, qu'arriverait-il si jamais van Baërle trouvait une tulipe nouvelle et la nommait la *Jean de Witt,* après en avoir nommé une *la Corneille* ! Ce serait à en étouffer de rage.

Ainsi dans son envieuse prévoyance, Boxtel, prophète de malheur pour lui-même, devinait ce qui allait arriver.

Aussi Boxtel, cette découverte faite, passa-t-il la plus exécrable nuit qui se puisse imaginer.

VI

VI

La haine d'un tulipier.

A partir de ce moment, au lieu d'une préoccupation, Boxtel eut une crainte. Ce qui donne de la vigueur et de la noblesse aux efforts du corps et de l'esprit, la culture d'une idée favorite, Boxtel le perdit en ruminant tout le dommage qu'allait lui causer l'idée du voisin.

Van Baërle, comme on peut le penser, du moment où il eut appliqué à ce point la parfaite intelligence dont la nature l'avait doué, van Baërle réussit à élever les plus belles tulipes.

Mieux que qui que ce soit à Harlem et à Leyde, villes qui offrent les meilleurs terroirs et les plus sains climats, Cornélius réussit à varier les couleurs, à modeler les formes, à multiplier les espèces.

Il était de cette école ingénieuse et naïve qui prit pour devise dès le septième siècle cet aphorisme développé en 1655 par un de ses adeptes :

« C'est offenser Dieu que mépriser les fleurs. »

Prémisse dont l'école tulipière, la plus exclusive des écoles, fit en 1655 le syllogisme suivant :

« C'est offenser Dieu que mépriser les fleurs.

« Plus la fleur est belle, plus en la méprisant on offense Dieu.

« La tulipe est la plus belle de toutes les fleurs.

« Donc, qui méprise la tulipe offense démesurément Dieu. »

Raisonnement à l'aide duquel, on le

voit, avec de la mauvaise volonté, les quatre ou cinq mille tulipiers de Hollande, de France et de Portugal, nous ne parlons pas de ceux de Ceylan, de l'Inde ou de la Chine, eussent mis l'univers hors la loi, et déclaré schismatiques, hérétiques et dignes de mort plusieurs centaines de millions d'hommes froids pour la tulipe.

Il ne faut point douter que pour une pareille cause Boxtel, quoique ennemi mortel de van Baërle, n'eût marché sous le même drapeau que lui.

Donc van Baërle obtint des succès nombreux et fit parler de lui, si bien que Boxtel disparut à tout jamais de la liste des notables tulipiers de la Hollande, et que la les plates-bandes de van Baërle des tulipes qui l'aveuglaient par leur beauté, le suffoquaient par leur perfection !

Alors, après la période d'admiration qu'il ne pouvait vaincre, il subissait la fièvre de l'envie, ce mal qui ronge la poitrine et qui change le cœur en une myriade de petits serpents qui se dévorent l'un l'autre, source infâme d'horribles douleurs.

Que de fois, au milieu de ses tortures, dont aucune description ne saurait donner l'idée, Boxtel fut-il tenté de sauter la nuit dans le jardin, d'y ravager les plantes, de dévorer les oignons avec les dents, et de sacrifier à sa colère le propriétaire lui-même s'il osait défendre ses tulipes.

Mais, tuer une tulipe, c'est, aux yeux d'un véritable horticulteur, un si épouvantable crime!

Tuer un homme, passe encore.

Cependant, grâces aux progrès que faisait tous les jours van Baërle dans la science qu'il semblait deviner par instinct, Boxtel en vint à un tel paroxysme de fureur qu'il médita de lancer des pierres et des bâtons dans les planches de tulipes de son voisin.

Mais comme il réfléchit que le lendemain, à la vue du dégât, van Baërle informerait, que l'on constaterait alors que la rue était loin, que pierres et bâtons ne tombaient plus du ciel au dix-septième siècle comme au temps des Amalécites, que l'auteur du crime, quoiqu'il eût opéré dans la nuit, serait découvert et non seulement puni par la loi, mais encore déshonoré à tout jamais aux yeux de l'Europe tulipière, Boxtel aiguisa la haine par la ruse et résolut d'employer un moyen qui ne le compromît pas.

Il chercha longtemps, c'est vrai, mais enfin il trouva.

Un soir il attacha deux chats chacun par une patte de derrière, avec une ficelle de dix pieds de long, et les jeta, du haut du mur, au milieu de la plate-bande maîtresse, de la plate-bande princière, de la plate-bande royale qui non-seulement contenait la *Corneille de Witt,* mais encore la *Brabançonne,* blanc de lait, pourpre et rouge, la *Marbrée,* de Rotre, gris de lin mouvant, rouge et incarnadin éclatant, et la *Merveille,* de Harlem, la tulipe *Colombin obscur* et *Colombin clair terni.*

Les animaux effarés, en tombant du haut en bas du mur, se ruèrent d'abord sur la plate-bande, essayant de fuir chacun de son côté, jusqu'à ce que le fil qui les retenait l'un à l'autre fût tendu ; mais alors, sentant l'impossibilité d'aller plus loin, ils vaguèrent çà et là avec d'affreux miaulements, fauchant avec leur corde les fleurs au milieu desquelles ils se débattaient ; puis enfin, après un quart d'heure de lutte acharnée, étant parvenus à rompre le fil qui les enchevêtrait, ils disparurent.

Boxtel, caché derrière son sycomore, ne voyait rien, à cause de l'obscurité de la nuit ; mais aux cris enragés des deux chats, il supposait tout, et son cœur, dégonflant de fiel, s'emplissait de joie.

Le désir de s'assurer du dégât commis était si grand dans le cœur de Boxtel qu'il resta jusqu'au jour pour jouir par ses yeux de l'état où la lutte des deux matous avait mis les plates-bandes de son voisin.

Il était glacé par les brouillards du matin ; mais il ne sentait pas le froid ; l'espoir de la vengeance lui tenait chaud.

La douleur de son rival allait le payer de toutes ses peines.

Aux premiers rayons du soleil, la porte de la maison blanche s'ouvrit ; van Baërle apparut, et s'approcha de ses plates-bandes, souriant comme un homme qui a passé la nuit dans son lit, qui y a fait de bons rêves.

Tout à coup il aperçoit des sillons et des monticules sur ce terrain plus uni la veille qu'un miroir ; tout à coup il aperçoit les rangs symétriques de ses tulipes désordonnés comme sont les piques d'un bataillon au milieu duquel aurait tombé une bombe.

Il accourt tout pâlissant.

Boxtel tressaillait de joie. Quinze ou vingt tulipes lacérées, éventrées, gisaient les unes courbées, les autres brisées tout à fait et déjà pâlissantes ; la sève coulait de leurs blessures ; la sève, ce sang précieux que van Baërle eût voulu racheter au prix du sien.

Mais, ô surprise ! ô joie de van Baërle ! ô douleur inexprimable de Boxtel ! pas une des quatre tulipes menacées par l'attentat de ce dernier n'avait été atteinte. Elles levaient fièrement leurs nobles têtes au-dessus des cadavres de leurs compagnes. C'était assez pour consoler van Baërle, c'était assez pour faire crever d'ennui l'assassin, qui s'arrachait les cheveux à la vue de son crime commis, et commis inutilement.

Van Baërle, tout en déplorant le malheur qui venait de le frapper, malheur qui, du reste, par la grâce de Dieu, était moins grand qu'il n'aurait pu être, van Baërle ne put en deviner la cause. Il s'informa seulement et apprit que toute la nuit avait été troublée par des miaulements terribles. Au reste, il reconnut le passage des chats à la trace laissée par leurs griffes, au poil laissé sur le champ de bataille et auquel les gouttes indifférentes de la rosée tremblaient comme elles faisaient à côté sur les feuilles d'une fleur brisée, et pour éviter qu'un pareil malheur se renouvelât à l'avenir, il ordonna qu'un garçon jardinier coucherait chaque nuit dans le jardin, sous une guérite, près des plates-bandes.

Boxtel entendit donner l'ordre. Il vit se dresser la guérite dès le même jour, et trop heureux de n'avoir pas été soupçonné, seulement plus animé que jamais contre l'heureux horticulteur, il attendit de meilleures occasions.

Ce fut vers cette époque que la société tulipière de Harlem proposa un prix pour la découverte, nous n'osons pas dire pour la fabrication de la grande tulipe noire et sans tache, problème non résolu et regardé comme insoluble si l'on considère qu'à cette époque l'espèce n'existait pas même à l'état de bistre dans la nature.

Ce qui faisait dire à chacun que les fondateurs du prix eussent aussi bien pu mettre deux millions que cent mille livres, la chose étant impossible.

Le monde tulipier n'en fut pas moins ému de la base à son faîte.

Quelques amateurs prirent l'idée, mais sans croire à son application ; mais telle est la puissance imaginaire des horticulteurs que tout en regardant leur spéculation comme manquée à l'avance, ils ne pensèrent plus d'abord qu'à cette grande tulipe noire réputée chimérique comme le cygne noir d'Horace, et comme le merle blanc de la tradition française.

Van Baërle fut du nombre des tulipiers qui prirent l'idée; Boxtel fut au nombre de ceux qui pensèrent à la spéculation. Du moment où van Baërle eut incrusté cette tache dans sa tête perspicace et ingénieuse, il commença lentement les semis et les opérations nécessaires pour amener du rouge au brun, et du brun au brun foncé, les tulipes qu'il avait cultivées jusque-là.

Dès l'année suivante, il obtint des produits d'un bistre parfait, et Boxtel les aperçut dans sa plate-bande, lorsque lui n'avait encore trouvé que le brun clair.

Peut-être serait-il important d'expliquer aux lecteurs les belles théories qui consistent à prouver que la tulipe emprunte aux éléments ses couleurs ; peut-être nous saurait-on gré d'établir que rien n'est impossible à l'horticulteur qui met à contribution, par sa patience et son génie, le feu du soleil, la candeur de l'eau, les sucs de la terre et les souffles de l'air. Mais ce n'est pas un traité de la tulipe en général, c'est l'histoire d'une tulipe en particulier que nous avons résolu d'écrire ; nous nous y renfermerons, quelque attrayants que soient les appâts du sujet juxtaposé au nôtre.

Boxtel, encore une fois vaincu par la supériorité de son ennemi, se dégoûta de la culture et, à moitié fou, il se voua tout entier à l'observation.

La maison de son rival était à claire-voie. Jardin ouvert au soleil, cabinets vitrés pénétrables à la vue, casiers, armoires, boîtes et étiquettes dans lesquels le télescope plongeait facilement ; Boxtel laissa pourrir les oignons sur les couches, sécher les coques dans leurs cases, mourir les tulipes sur les plates-bandes, et désormais usant sa vie avec sa vue, il ne s'occupa que de ce qui se passait chez van Baërle, il respira par la tige de ses tulipes, se désaltéra par l'eau qu'on leur jetait et se rassasia de la terre molle et fine que saupoudrait le voisin sur ses oignons chéris. Mais le plus curieux du travail ne s'opérait pas dans le jardin.

Sonnait une heure, une heure de la

nuit. Van Baërle montait à son laboratoire dans le cabinet vitré où le télescope de Boxtel pénétrait si bien, et là, dès que les lumières du savant succédant aux rayons du jour avaient illuminé murs et fenêtres, Boxtel voyait fonctionner le génie inventif de son rival.

Il le regardait triant ses graines, les arrosant de substances destinées à les modifier où à les colorer. Il devinait, lorsque chauffant certaines de ces graines, puis les humectant, puis les combinant avec d'autres par une sorte de greffe, opération minutieuse et merveilleusement adroite, il enfermait dans les ténèbres celles qui devaient donner la couleur noire, exposait au soleil ou à la lampe celles qui devaient donner la couleur rouge, mirait dans un éternel reflet d'eau celles qui devaient fournir le blanc, candide représentation hermétique de l'élément humide.

Cette magie innocente, fruit de la rêverie enfantine et du génie viril tout ensemble, ce travail patient, éternel, dont Boxtel se reconnaissait incapable, c'était de verser dans le télescope de l'envieux toute sa vie, toute sa pensée, tout son espoir.

Chose étrange ! tant d'intérêt et l'amour-propre de l'art n'avaient pas éteint chez Isaac la féroce envie, la soif de la vengeance. Quelquefois, en tenant van Baërle dans son télescope, il se faisait l'illusion qu'il l'ajustait avec un mousquet infaillible, et il cherchait du doigt la détente pour lâcher le coup qui devait le tuer ; mais il est temps que nous rattachions à cette époque des travaux de l'un et de l'espionnage de l'autre la visite que Corneille de Witt, Ruart de Pulten, venait faire à sa ville natale.

VII

VII

L'homme heureux fait connaissance avec le malheur.

Corneille, après avoir fait les affaires de sa famille, arriva chez son filleul, Cornélius van Baërle, au mois de janvier 1672.

La nuit tombait.

Corneille, quoique assez peu horticulteur, quoique assez peu artiste, Corneille.

visita toute la maison, depuis l'atelier jusqu'aux serres, depuis les tableaux jusqu'aux tulipes. Il remerciait son neveu de l'avoir mis sur le pont du vaisseau-amiral des sept Provinces pendant la bataille de Southwood-Bay, et d'avoir donné son nom à une magnifique tulipe, et tout cela avec la complaisance et l'affabilité d'un père pour son fils, et tandis qu'il inspectait ainsi les trésors de van Baërle, la foule stationnait avec curiosité, avec respect même devant la porte de l'homme heureux.

Tout ce bruit éveilla l'attention de Boxtel, qui goûtait près de son feu.

Il s'informa de ce que c'était, l'apprit et grimpa à son laboratoire.

Et là, malgré le froid, il s'installa, le télescope à l'œil.

Ce télescope ne lui était plus d'une grande utilité depuis l'automne de 1671. Les tulipes, frileuses comme de vraies filles de l'Orient, ne se cultivent point dans la terre en hiver. Elles ont besoin de l'intérieur de la maison, du lit douillet des tiroirs et des douces caresses du poêle. Aussi, tout l'hiver, Cornélius le passait-il dans son laboratoire, au milieu de ses livres et de ses tableaux. Rarement allait-il dans la chambre aux oignons, si ce n'était pour y faire entrer quelques rayons de soleil, qu'il surprenait au ciel, et qu'il forçait, en ouvrant une trappe vitrée, de tomber bon gré mal gré chez lui.

Le soir dont nous parlons, Après que Corneille et Cornélius eurent visité ensemble les appartements, suivis de quelques domestiques,

—Mon fils, dit Corneille bas à van Baërle, éloignez vos gens et tâchez que nous demeurions quelques moments seuls.

Cornélius s'inclina en signe d'obéissance.

Puis tout haut,

— Monsieur, dit Cornélius, vous plaît-il de visiter maintenant mon séchoir de tulipes ?

Le séchoir ! Ce *pandæmonium* de la tuliperie, ce tabernacle, ce *sanctum sanctorum* était, comme Delphes jadis, interdit aux profanes.

Jamais valet n'y avait mis un pied audacieux, comme eût dit le grand Racine, qui florissait à cette époque. Cornélius n'y faisait pénétrer que le balai inoffensif d'une vieille servante frisonne, sa nourrice, laquelle, depuis que Cornélius s'était voué au culte des tulipes, n'osait plus mettre d'oignons dans les ragoûts, de peur d'éplucher et d'assaisonner le dieu de son nourrisson.

Aussi, à ce seul mot *séchoir,* les valets qui portaient les flambeaux s'écartèrentils respectueusement. Cornélius prit les bougies de la main du premier et précéda son parrain dans la chambre.

Ajoutons à ce que nous venons de dire que le séchoir était ce même cabinet vitré sur lequel Boxtel braquait incessamment son télescope.

L'envieux était plus que jamais à son poste.

Il vit d'abord s'éclairer les murs et les vitrages.

Puis deux ombres apparurent.

L'une d'elles, grande, majestueuse, sévère, s'assit près de la table où Cornélius avait déposé le flambeau.

Dans cette ombre, Boxtel reconnut le pâle visage de Corneille de Witt, dont les longs cheveux noirs séparés au front tombaient sur ses épaules.

Le Ruart de Pulten, après avoir dit à Cornélius quelques paroles dont l'envieux ne put comprendre le sens au mouvement de ses lèvres, tira de sa poitrine et lui tendit un paquet blanc soigneusement cacheté, paquet que Boxtel, à la façon dont Cornélius le prit et le déposa dans une armoire, supposa être des papiers de la plus grande importance.

Il avait d'abord pensé que ce paquet

précieux renfermait quelques caïeux nouvellement venus du Bengale ou de Ceylan ; mais il avait réfléchi bien vite que Corneille cultivait peu les tulipes et ne s'occupait guère que de l'homme, mauvaise plante bien moins agréable à voir et surtout bien plus difficile à faire fleurir.

Il en revint donc à cette idée que ce paquet contenait purement et simplement des papiers, et que ces papiers renfermaient de la politique.

Mais pourquoi des papiers renfermant de la politique à Cornélius, qui non-seulement était, mais se vantait d'être entièrement étranger à cette science bien autrement obscure, à son avis, que la chimie et même que l'alchimie ?

C'était un dépôt sans doute que Corneille, déjà menacé par l'impopularité dont commençaient à l'honorer ses compatriotes, remettait à son filleul van Baërle, et la chose était d'autant plus adroite de la part du Ruart, que certes ce n'était pas chez Cornélius, étranger à toute intrigue, que l'on irait poursuivre ce dépôt.

D'ailleurs, si le paquet eût contenu des caïeux, Boxtel connaissait son voisin. Cornélius n'y eût pas tenu, et il eût à l'instant même apprécié, en l'étudiant en amateur, la valeur des présents qu'il recevait.

Tout au contraire, Cornélius avait respectueusement reçu le dépôt des mains du Ruart, et l'avait, respectueusement toujours, mis dans un tiroir, le poussant au fond, d'abord sans doute pour qu'il ne fût point vu, ensuite pour qu'il ne prît pas une trop grande partie de la place réservée aux oignons.

Le paquet dans le tiroir, Corneille de Witt se leva, serra les mains de son filleul et s'achemina vers la porte.

Cornélius saisit vivement le flambeau et s'élança pour passer le premier et l'éclairer convenablement.

Alors la lumière s'éteignit insensiblement dans le cabinet vitré pour aller reparaître dans l'escalier, puis sous le vestibule, et enfin dans la rue, encore encombrée de gens qui voulaient voir le Ruart remonter en carrosse.

L'envieux ne s'était point trompé dans ses suppositions. Le dépôt remis par le Ruart à son filleul, et soigneusement serré par celui-ci, c'était la correspondance de Jean avec M. de Louvois.

Seulement ce dépôt était confié, comme l'avait dit Corneille à son frère, sans que Corneille le moins du monde en eût laissé soupçonner l'importance politique à son filleul.

La seule recommandation qu'il lui eût faite était de ne rendre ce dépôt qu'à lui, sur un mot de lui, quelle que fût la personne qui vînt le réclamer.

Et Cornélius, comme nous l'avons vu, avait enfermé le dépôt dans l'armoire aux caïeux rares.

Puis, le Ruart parti, le bruit et les feux éteints, notre homme n'avait plus songé à ce paquet, auquel au contraire songeait fort Boxtel, qui, pareil au pilote habile, voyait dans ce paquet le nuage lointain et imperceptible qui grandira en marchant, et qui renferme l'orage.

Et maintenant, voilà donc tous les jalons de notre histoire plantés dans cette grasse terre qui s'étend de Dordrecht à la Haye. Les suivra qui voudra, dans l'avenir des chapitres suivants ; quant à nous, nous avons tenu notre parole, en prouvant que jamais ni Corneille ni Jean de Witt n'avaient eu si féroces ennemis dans toute la Hollande que celui que possédait van Baërle dans son voisin mynher Isaac Boxtel.

Toutefois, florissant dans son ignorance, le tulipier avait fait son chemin vers le but proposé par la société de Harlem, il avait passé de la tulipe bistre à la tulipe café brûlé ; et revenant à lui, ce même jour où se passait à la Haye le grand évènement que nous avons raconté, nous allons le retrouver vers une heure de l'après-midi, enlevant de sa plate-bande les oignons, infructueux encore, d'une semence de tulipes café brûlé, tulipes dont la floraison avortée jusque-là était fixée au printemps de l'année 1675, et qui ne pouvait manquer de donner la grande tulipe noire demandée par la société de Harlem.

Le 20 août 1672, à une heure de l'après-midi, Cornélius était donc dans son séchoir, les pieds sur la barre de sa table, les coudes sur le tapis, considérant avec délices trois caïeux qu'il venait de détacher de son oignon : caïeux purs, parfaits, intacts, principes inappréciables d'un des plus merveilleux produits de la science et de la nature, unis dans cette combinaison dont la réussite devait illustrer à jamais le nom de Cornélius Baërle.

— Je trouverai la grande tulipe noire,

disait à part lui Cornélius, tout en détachant ses caïeux. Je toucherai les cent mille florins du prix proposé. Je les distribuerai aux pauvres de Dordrecht ; de cette façon, la haine que tout riche inspire dans les guerres civiles s'apaisera, et je pourrai, sans rien craindre des républicains ou des orangistes, continuer de tenir mes plates-bandes en somptueux état. Je ne craindrai pas non plus qu'un jour d'émeute, les boutiquiers de Dordrecht et les mariniers du port viennent arracher mes oignons pour nourrir leurs familles, comme ils m'en menacent tout bas parfois, quand il leur revient que j'ai acheté un oignon deux ou trois cents florins. C'est résolu, je donnerai donc aux pauvres les cent mille florins du prix de Harlem.

Quoique...

Et à ce *quoique*, Cornélius van Baërle fit une pause et soupira.

— Quoique, continua-t-il, c'eût été une bien douce dépense que celle de ces cent mille florins appliqués à l'agrandissement de mon parterre ou même à un voyage dans l'Orient, patrie des belles fleurs.

Mais, hélas! il ne faut plus penser à tout cela; mousquets, drapeaux, tambours et proclamations, voilà ce qui domine la situation en ce moment!

Van Baërle leva les yeux au ciel et poussa un soupir.

Puis, ramenant son regard vers ses oignons, qui dans son esprit passaient bien avant ces mousquets, ces tambours, ces drapeaux et ces proclamations, toutes choses propres seulement à troubler l'esprit d'un honnête homme,

—Voilà cependant de bien jolis caïeux, dit-il ; comme ils sont lisses, comme ils sont bien faits, comme ils ont cet air mélancolique qui promet le noir d'ébène à ma tulipe ! sur leur peau les veines de circulation ne paraissent même pas à l'œil nu. Oh ! certes, pas une tache ne gâtera la robe de deuil de la fleur qui me devra le jour.

Comment nommera-t-on cette fille de mes veilles, de mon travail, de ma pensée ? *Tulipa nigra Barlænsis.*

Oui, Barlænsis; beau nom. Toute l'Europe tulipière, c'est-à-dire toute l'Europe intelligente tressaillera quand ce bruit courra sur le vent aux quatre points cardinaux du globe.

LA GRANDE TULIPE NOIRE EST TROUVÉE! Son nom? demanderont les amateurs. — *Tulupa nigra Barlænsis*. — Pourquoi *Barlænsis?* — A cause de son inventeur van Baërle, répondra-t-on. — Ce van Baërle, qui est-ce? — C'est déjà celui qui avait trouvé cinq espèces nouvelles : la Jeanne, la Jean de Witt, la Corneille, etc. Eh bien! voilà mon ambition à moi. Elle ne coûtera de larmes à personne. Et l'on parlera encore de la *Tulupa nigra Barlænsis*, quand peut-être mon parrain, ce sublime politique, ne sera plus connu que par la tulipe à laquelle j'ai donné son nom.

Les charmants caïeux!...

Quand ma tulipe aura fleuri, continua Cornélius, je veux, si la tranquillité est revenue en Hollande, donner seulement aux pauvres cinquante mille florins; au bout du compte, c'est déjà beaucoup pour un homme qui ne doit absolument rien. Puis, avec les cinquante mille autres florins, je ferai des expériences. Avec ces cinquante mille florins, je veux arriver à parfumer la tulipe. Oh! si j'arrivais à donner à la tulipe l'odeur de la rose ou de l'œillet, ou même une odeur complètement nouvelle, ce qui vaudrait encore mieux; si je rendais à cette reine des fleurs ce parfum naturel générique qu'elle a perdu en passant de son trône d'Orient sur son trône européen, celui qu'elle doit avoir dans la presqu'île de l'Inde, à Goa, à Bombay, à Madras et surtout dans cette île qui autrefois, à ce qu'on assure, fut le paradis terrestre et qu'on appelle Ceylan, ah ! quelle gloire! J'aimerais mieux, je le dis, j'aimerais mieux alors être Cornélius van Baërle que d'être Alexandre, César ou Maximilien.

Les admirables caïeux !

Et Cornélius se délectait dans sa contemplation, et Cornélius s'absorbait dans les plus doux rêves.

Soudain la sonnette de son cabinet fut plus vivement ébranlée que d'habitude.

Cornélius tressaillit, étendit la main sur ses caïeux et se retourna.

— Qui va là? demanda-t-il?

— Monsieur, répondit le serviteur, c'est un messager de La Haye.

— Un messager de La Haye... Que veut-il?

— Monsieur, c'est Craëke.

— Craëke, le valet de confiance de M. Jean de Witt? Bon! qu'il attende.

— Je ne puis attendre, dit une voix dans le corridor.

Et en même temps, forçant la consigne, Craëcke se précipita dans le séchoir.

Cette apparition presque violente était une telle infraction aux habitudes établies dans la maison de Cornélius van Baërle, que celui-ci, en apercevant Craëke qui se précipitait dans le séchoir, fit de la main qui couvrait les caïeux un mouvement presque convulsif, lequel envoya deux des précieux oignons rouler, l'un sous une table voisine de la grande table, l'autre dans la cheminée.

—Au diable! dit Cornélius, se précipitant à la poursuite de ses caïeux, qu'y a-t-il donc, Craëcke?

—Il y a, Monsieur, dit Craëcke, déposant le papier sur la grande table où était resté gisant le troisième oignon; il y a que vous êtes invité à lire ce papier sans perdre un seul instant.

Et Craëcke, qui avait cru remarquer dans les rues de Dordrecht les symptômes d'un tumulte pareil à celui qu'il venait de laisser à La Haye, s'enfuit sans tourner la tête.

— C'est bon! c'est bon! mon cher Craëcke, dit Cornélius, étendant le bras sous la table pour y poursuivre l'oignon précieux ; on le lira, ton papier.

Puis, ramassant le caïeu, qu'il mit dans le creux de sa main pour l'examiner :

— Bon! dit-il; en voilà déjà un intact. Diable de Craëcke, va! entrer ainsi dans mon séchoir! Voyons, à l'autre, maintenant.

Et sans lâcher l'oignon fugitif, van Baërle s'avança vers la cheminée, et à genoux, du bout du doigt, se mit à palper les cendres qui heureusement étaient froides.

Au bout d'un instant, il sentit le second caïeu.

— Bon, dit-il, le voici.

Et le regardant avec une attention presque paternelle,

— Intact comme le premier, dit-il.

Au même instant, et comme Cornélius, encore à genoux, examinait le second caïeu, la porte du séchoir fut secouée si rudement et s'ouvrit de telle façon à la suite de cette secousse, que Cornélius sentit monter à ses joues, à ses oreilles, la flamme de cette mauvaise conseillère que l'on nomme la colère.

— Qu'est-ce encore? demanda-t-il. Ah çà! devient-on fou céans?

—Monsieur! monsieur! s'écria un domestique se précipitant dans le séchoir avec le visage plus pâle et la mine plus effarée que ne les avait Craëcke.

— Eh bien? demanda Cornélius, présageant un malheur à cette double infraction de toutes les règles.

—Ah! monsieur, fuyez, fuyez vite! cria le domestique.

— Fuir et pourquoi?

—Monsieur, la maison est pleine de gardes des États.

— Que demandent-ils?

— Ils vous cherchent.

— Pourquoi faire ?

— Pour vous arrêter.

— Pour m'arrêter, moi ?

— Oui, Monsieur, et ils sont précédés d'un magistrat.

— Que veut dire cela ? demanda van Baërle en serrant ses deux caïeux dans sa main et en plongeant son regard effaré dans l'escalier.

— Ils montent, ils montent ! cria le serviteur.

— Oh ! mon cher enfant, mon digne maître, cria la nourrice en faisant à son tour son entrée dans le séchoir. Prenez votre or, vos bijoux, et fuyez, fuyez !

— Mais par où veux-tu que je fuie, nourrice ? demanda van Baërle.

— Sautez par la fenêtre.

— Vingt-cinq pieds.

— Vous tomberez sur six pieds de terre grasse.

— Oui, mais je tomberai sur mes tulipes.

— N'importe, sautez.

Cornélius prit le troisième caïeu, s'approcha de la fenêtre, l'ouvrit, mais à l'aspect du dégât qu'il allait causer dans ses plates-bandes, bien plus encore qu'à la vue de la distance qu'il lui fallait franchir.

— Jamais, dit-il.

Et il fit un pas en arrière.

En ce moment on voyait poindre à travers les barreaux de la rampe les hallebardes des soldats.

La nourrice leva les bras au ciel.

Quant à Cornélius van Baërle, il faut le

dire à la louange non pas de l'homme, mais du tulipier, sa seule préoccupation fut pour ses inestimables caïeux.

Il chercha des yeux un papier où les envelopper, aperçut la feuille de la Bible déposée par Craëcke sur le séchoir, la prit sans se rappeler, tant son trouble était grand, d'où venait cette feuille, y enveloppa les trois caïeux, les cacha dans sa poitrine et attendit.

Les soldats, précédés du magistrat, entrèrent au même instant.

— Êtes-vous le docteur Cornélius van Baërle? demanda le magistrat, quoiqu'il connût parfaitement le jeune homme;

mais en cela il se conformait aux règles de la justice, ce qui donnait, comme on le voit, une grande gravité à l'interrogation.

— Je le suis, maître van Spennen, répondit Cornélius en saluant gracieusement son juge, et vous le savez bien.

— Alors livrez-nous les papiers séditieux que vous cachez chez vous.

— Les papiers séditieux? répéta Cornélius tout abasourdi de l'apostrophe.

— Oh! ne faites pas l'étonné.

— Je vous jure, maître van Spennen,

reprit Cornélius, que j'ignore complètement ce que vous voulez dire.

— Alors je vais vous mettre sur la voie, docteur, dit le juge : livrez-nous les papiers que le traître Corneille de Witt a déposés chez vous au mois de janvier dernier.

Un éclair passa dans l'esprit de Cornélius.

— Oh! oh! dit van Spennen, voilà que vous commencez à vous rappeler, n'est-ce pas?

—Sans doute ; mais vous parliez de papiers séditieux, et je n'ai aucun papier de ce genre.

— Ah! vous niez?

— Certainement.

Le magistrat se retourna pour embrasser d'un coup d'œil tout le cabinet.

— Quelle est la pièce de votre maison qu'on nomme le séchoir? demanda-t-il?

—C'est justement celle où nous sommes, maître van Spennen.

Le magistrat jeta un coup d'œil sur une

petite note placée au premier rang de ses papiers.

— C'est bien, dit-il comme un homme qui est fixé.

Puis se retournant vers Cornélius,

— Voulez-vous me remettre ces papiers? dit-il.

— Mais je ne puis, maître van Spennen. Ces papiers ne sont point à moi ; ils m'ont été remis à titre de dépôt, et un dépôt est sacré.

— Docteur Cornélius, dit le juge, au nom des Etats, je vous ordonne d'ouvrir ce tiroir et de me remettre les papiers qui y sont renfermés.

Et du doigt le magistrat indiquait juste le troisième tiroir d'un bahut placé près de la cheminée.

C'était dans ce troisième tiroir, en effet, qu'étaient les papiers remis par le Ruart de Pulten à son filleul, preuve que la police avait été parfaitement renseignée.

— Ah! vous ne voulez pas? dit van Spennen, voyant que Cornélius restait immobile de stupéfaction. Je vais donc l'ouvrir moi-même.

Et ouvrant le tiroir dans toute sa longueur, le magistrat mit d'abord à découvert une vingtaine d'oignons, rangés et étiquetés avec soin ; puis, le paquet de papier demeuré dans le même état exactement où il avait été remis à son filleul par le malheureux Corneille de Witt.

Le magistrat rompit les cires, déchira l'enveloppe, jeta un regard avide sur les premiers feuillets qui s'offrirent à ses regards, et s'écria d'une voix terrible :

— Ah! la justice n'avait donc pas reçu un faux avis!

— Comment! dit Cornélius, qu'est-ce donc?

—Ah! ne faites pas davantage l'ignorant, monsieur van Baërle, répondit le magistrat, et suivez-nous.

— Comment! que je vous suive! s'écria le docteur.

—Oui, car au nom des Etats, je vous arrête.

On n'arrêtait pas encore au nom de Guillaume d'Orange. Il n'y avait pas encore assez longtemps qu'il était stathouder pour cela.

— M'arrêter! s'écria Cornélius ; mais qu'ai-je donc fait?

— Cela ne me regarde point, docteur, vous vous en expliquerez avec vos juges.

— Où cela?

— A La Haye.

Cornélius, stupéfait, embrassa sa nourrice, qui perdait connaissance, donna la main à ses serviteurs, qui fondaient en larmes, et suivit le magistrat, qui l'enferma dans une chaise comme un prisonnier d'état, et le fit conduire au grand galop à La Haye.

VIII

VIII

La chambre de famille.

Ce qui venait d'arriver était, comme on le sait, l'œuvre diabolique de mynheer Isaac Boxtel.

On se rappelle qu'à l'aide de son télescope, il n'avait pas perdu un seul détail de cette entrevue de Corneille de Witt avec son filleul.

On se rappelle qu'il n'avait rien entendu, mais qu'il avait tout vu.

On se rappelle qu'il avait deviné l'importance des papiers confiés par le Ruart de Pulten à son filleul, en voyant celui-ci serrer soigneusement le paquet à lui remis dans le tiroir où il serrait les oignons les plus précieux.

Il en résulte que lorsque Boxtel, qui suivait la politique avec beaucoup plus d'attention que son voisin Cornélius, sut que Corneille de Witt était arrêté comme coupable de haute trahison envers les États, il songea à part lui qu'il n'aurait sans doute qu'un mot à dire pour faire arrêter le filleul en même temps que le parrain.

Cependant, si heureux que fût le cœur de Boxtel, il frissonna d'abord à cette idée de dénoncer un homme que cette dénonciation pouvait conduire à l'échafaud.

Mais le terrible des mauvaises idées, c'est que peu à peu les mauvais esprits se familiarisent avec elles.

D'ailleurs mynheer Isaac Boxtel s'encourageait avec ce sophisme :

Corneille de Witt est un mauvais citoyen, puisqu'il est accusé de haute trahison et arrêté.

Je suis, moi, un bon citoyen, puisque je ne suis accusé de rien au monde et que je suis libre comme l'air.

Or, si Corneille de Witt est un mauvais citoyen, ce qui est chose certaine, puisqu'il est accusé de haute trahison et arrêté, son complice Cornélius van Baërle est un non moins mauvais citoyen que lui.

Donc, comme moi je suis un bon citoyen, et qu'il est du devoir des bons citoyens de dénoncer les mauvais citoyens, il est de mon devoir à moi, Isaac Boxtel, de dénoncer Cornélius van Baërle.

Mais ce raisonnement n'eût peut-être pas, si spécieux qu'il fût, pris un empire complet sur Boxtel, et peut-être l'envieux n'eût-il pas cédé au simple désir de vengeance qui lui mordait le cœur, si à l'unisson du démon de l'envie n'eût surgi le démon de la cupidité.

Boxtel n'ignorait pas le point où van Baërle était arrivé de sa recherche sur la grande tulipe noire.

Si modeste que fut le docteur Cornélius, il n'avait pu cacher à ses plus intimes qu'il avait la presque certitude de gagner en l'an de grâce 1673 le prix de cent mille florins proposé par la société d'horticulture de Harlem.

Or, cette presque certitude de Cornélius van Baërle, c'était la fièvre qui rongeait Isaac Boxtel.

Si Cornélius était arrêté, cela occasionnerait certainement un grand trouble dans la maison. La nuit qui suivrait l'arrestation, personne ne songerait à veiller sur les tulipes du jardin.

Or, cette nuit là, Boxtel enjamberait la muraille, et comme il savait où était l'oignon qui devait donner la grande tulipe noire, il enlèverait cet oignon ; au lieu de fleurir chez Cornélius, la tulipe noire fleurirait chez lui, et ce serait lui qui aurait le prix de cent mille florins, au lieu que ce fût Cornélius, sans compter cet honneur suprême d'appeler la fleur nouvelle *tulupa nigra Boxtellensis*.

Résultat qui satisfaisait non-seulement sa vengeance, mais sa cupidité.

Éveillé, il ne pensait qu'à la grande tulipe noire ; endormi, il ne rêvait que d'elle.

Enfin, le 19 août, vers deux heures de l'après-midi, la tentation fut si forte que mynheer Isaac ne sut point y résister plus longtemps.

En conséquence, il dressa une dénonciation anonyme, laquelle remplaçait l'authenticité par la précision, et jeta cette dénonciation à la poste.

Jamais papier vénéneux glissé dans les gueules de bronze de Venise ne produisit un plus prompt et un plus terrible effet.

Le même soir le principal magistrat reçut la dépêche ; à l'instant même il convoqua ses collègues pour le lendemain matin. Le lendemain matin ils s'étaient réunis, avaient décidé l'arrestation et avaient remis l'ordre, afin qu'il fût exécuté, à maître van Spennen, qui s'était acquitté, comme nous avons vu, de ce devoir, en digne Hollandais, et avait arrêté Cornélius van Baërle juste au moment où les orangistes de La Haye faisaient rôtir les morceaux des cadavres de Corneille et de Jean de Witt.

Mais, soit honte, soit faiblesse dans le crime, Isaac Boxtel n'avait pas eu le courage de braquer ce jour-là son télescope, ni sur le jardin, ni sur l'atelier, ni sur le séchoir.

Il savait trop bien ce qui allait se passer dans la maison du pauvre docteur Cornélius pour avoir besoin d'y regarder. Il ne se leva même point lorsque son unique domestique, qui enviait le sort des domestique de Cornélius, non moins amèrement que Boxtel enviait le sort du maître, entra dans sa chambre. Boxtel lui dit:

— Je ne me lèverai pas aujourd'hui ; je suis malade.

Vers neuf heures, il entendit un grand bruit dans la rue et frissonna à ce bruit ; en ce moment, il était plus pâle qu'un véritable malade, plus tremblant qu'un véritable fiévreux.

Son valet entra ; Boxtel se cacha dans sa couverture.

— Ah! monsieur, s'écria le valet, non sans se douter qu'il allait, tout en déplorant le malheur arrivé à van Baërle, annoncer une bonne nouvelle à son maître ; ah ! monsieur, vous ne savez pas ce qui se passe en ce moment ?

— Comment veux-tu que je le sache ? répondit Boxtel d'une voix presque inintelligible.

— Eh bien ! dans ce moment, monsieur Boxtel, on arrête votre voisin Cornélius van Baërle comme coupable de haute trahison.

— Bah ! murmura Boxtel d'une voix faiblissante, pas possible !

— Dame ! c'est ce qu'on dit, du moins ;

d'ailleurs, je viens de voir entrer chez lui le juge van Spennen et les archers.

— Ah! si tu as vu, dit Boxtel, c'est autre chose.

— Dans tous les cas, je vais m'informer de nouveau, dit le valet, et soyez tranquille, monsieur, je vous tiendrai au courant.

Boxtel se contenta d'encourager d'un signe le zèle de son valet.

Celui-ci sortit et rentra un quart d'heure après.

— Oh! monsieur, tout ce que je vous ai raconté, dit-il, c'était la pure vérité.

— Comment cela?

— M. van Baërle est arrêté, on l'a mis dans une voiture et on vient de l'expédier à La Haye.

— A La Haye!

— Oui, où, si ce que l'on dit est vrai, il ne fera pas bon pour lui.

— Et que dit-on? demanda Boxtel.

— Dame! monsieur, on dit, mais cela

n'est pas bien sûr, on dit que les bourgeois doivent être à cette heure en train d'assassiner M. Corneille et M. Jean de Witt.

— Oh! murmura ou plutôt râla Boxtel en fermant les yeux pour ne pas voir la terrible image qui s'offrait sans doute à son regard.

— Diable! fit le valet en sortant, il faut que mynheer Isaac Boxtel soit bien malade pour n'avoir pas sauté en bas du lit à une pareille nouvelle.

En effet, Isaac Boxtel était bien malade,

malade comme un homme qui vient d'assassiner un autre homme.

Mais il avait assassiné cet homme dans un double but ; le premier était accompli ; restait à accomplir le second.

La nuit vint. C'était la nuit qu'attendait Boxtel.

La nuit venue, il se leva.

Puis il monta dans son sycomore.

Il avait bien calculé : personne ne songeait à garder le jardin ; maison et domestiques étaient sens dessus dessous.

Il entendit successivement sonner dix heures, onze heures, minuit.

A minuit, le cœur bondissant, les mains tremblantes, le visage livide, il descendit de son arbre, prit une échelle, l'appliqua contre le mur, monta jusqu'à l'avant-dernier échelon et écouta.

Tout était tranquille. Pas un bruit ne troublait le silence de la nuit.

Une seule lumière veillait dans toute la maison.

C'était celle de la nourrice.

Ce silence et cette obscurité enhardirent Boxtel.

Il enjamba le mur, s'arrêta un instant sur le faîte ; puis, bien certain qu'il n'avait rien à craindre, il passa l'échelle de son jardin dans celui de Cornélius et descendit.

Puis, comme il savait à une ligne près l'endroit où étaient enterrés les caïeux de la future tulipe noire, il courut dans leur direction, suivant néanmoins les allées pour n'être point trahi par la trace de ses pas, et, arrivé à l'endroit précis, avec une joie de tigre, il plongea ses mains dans la terre molle.

Il ne trouva rien et crut s'être trompé.

Cependant, la sueur perlait instinctivement sur son front.

Il fouilla à côté : rien.

Il fouilla à droite, il fouilla à gauche : rien.

Il fouilla devant et derrière : rien.

Il faillit devenir fou, car il s'aperçut enfin que dans la matinée même, la terre avait été remuée.

En effet, pendant que Boxtel était dans

son lit, Cornélius était descendu dans son jardin, avait déterré l'oignon, et comme nous l'avons vu, l'avait divisé en trois caïeux.

Boxtel ne pouvait se décider à quitter la place. Il avait retourné avec ses mains plus de dix pieds carrés.

Enfin il ne lui resta plus de doute sur son malheur.

Ivre de colère, il regagna son échelle, enjamba le mur, ramena l'échelle de chez Cornélius chez lui, la jeta dans son jardin et sauta après elle.

Tout-à-coup il lui vint un dernier espoir.

C'est que les caïeux étaient dans le séchoir,

Il ne s'agissait que de pénétrer dans le séchoir comme il avait pénétré dans le jardin.

Là il les trouverait.

Au reste, ce n'était guère plus difficile.

Les vitrages du séchoir se soulevaient comme ceux d'une serre.

Cornélius van Baërle les avait ouverts le

matin même et personne n'avait songé à les fermer.

Le tout était de se procurer une échelle assez longue, une échelle de vingt pieds au lieu d'une de douze.

Boxtel avait remarqué dans la rue qu'il habitait une maison en réparation ; le long de cette maison une échelle gigantesque était dressée.

Cette échelle était bien l'affaire de Boxtel, si les ouvriers ne l'avaient pas emportée.

Il courut à la maison, l'échelle y était.

Boxtel prit l'échelle et l'apporta à grand'peine dans son jardin ; avec plus de peine encore, il la dressa contre la muraille de la maison de Cornélius.

L'échelle atteignait juste au vasistas.

Boxtel mit une lanterne sourde tout allumée dans sa poche, monta à l'échelle et pénétra dans le séchoir.

Arrivé dans ce tabernacle, il s'arrêta, s'appuyant contre la table ; les jambes lui manquaient, son cœur battait à l'étouffer.

Là, c'était bien pis que dans le jardin ; on dirait que le grand air ôte à la propriété ce qu'elle a de respectable ; tel qui saute par-dessus une haie ou qui escalade un mur, s'arrête à la porte ou à la fenêtre d'une chambre.

Dans le jardin Boxtel n'était qu'un maraudeur ; — dans la chambre, Boxtel était un voleur.

Cependant, il reprit courage : il n'était pas venu jusque-là pour rentrer chez lui les mains nettes.

Mais il eut beau chercher, ouvrir et fermer tous les tiroirs, et même le tiroir privilégié où était le dépôt qui venait d'être si fatal à Cornélius ; il trouva étiquetées comme dans un jardin des plantes, la Joannis, la Witt, la tulipe bistre, la tulipe café brûlé ; mais de la tulipe noire ou plutôt des caïeux où elle était encore endormie et cachée dans les limbes de la floraison, il n'y en avait pas de traces.

Et cependant, sur le registre des graines et des caïeux tenus en partie double par van Baërle avec plus de soin et d'exactitude que le registre commercial des premières maisons d'Amsterdam, Boxtel lut ces lignes :

« Aujourd'hui 20 août 1672, j'ai déterré l'oignon de la grande tulipe noire que j'ai séparé en trois caïeux parfaits. »

— Ces caïeux! ces caïeux! hurla Boxtel en ravageant tout dans le séchoir, où les a-t-il pu cacher ?

Puis tout-à-coup se frappant le front à s'aplatir le cerveau :

— Oh! misérable que je suis! s'écria-t-il; ah! trois fois perdu, Boxtel, est-ce qu'on se sépare de ses caïeux, est-ce qu'on les abandonne à Dordrecht quand on part pour La Haye, est-ce que l'on peut vivre sans ses caïeux, quand ces caïeux sont ceux de la grande tulipe noire ! il aura eu le temps de les prendre, l'infâme! il les a sur lui, il les a emportés à La Haye!

C'était un éclair qui montrait à Boxtel l'abîme d'un crime inutile.

Boxtel tomba foudroyé sur cette même table, à cette même place où quelques heures avant, l'infortuné Baërle avait admiré si longuement et si délicieusement les caïeux de la tulipe noire.

— Eh bien! après tout, dit l'envieux en relevant sa tête livide, s'il les a, il ne peut les garder que tant qu'il sera vivant, et...

Le reste de sa hideuse pensée s'absorba dans un affreux sourire.

— Les caïeux sont à La Haye, dit-il; ce

n'est donc plus à Dordrecht que je puis vivre.

A La Haye pour les caïeux ! à La Haye !

Et Boxtel, sans faire attention aux richesses immenses qu'il abandonnait, tant il était préoccupé d'une autre richesse inestimable, Boxtel sortit par son vasistas, se laissa glisser le long de l'échelle, reporta l'instrument de vol où il l'avait pris, et pareil à un animal de proie, rentra rugissant dans sa maison.

IX

IX

La chambre de famille.

Il était minuit environ quand le pauvre van Baërle fut écroué à la prison du Buytenhoff.

Ce qu'avait prévu Rosa était arrivé. En trouvant la chambre de Corneille vide, la colère du peuple avait été grande, et, si père Gryphus s'était trouvé là sous la main de ces furieux, il eût certainement payé pour son prisonnier.

Mais cette colère avait trouvé à s'assouvir largement sur les deux frères, qui avaient été rejoints par les assassins, grâce à la précaution qui avait été prise par Guillaume, l'homme aux précautions, de fermer les portes de la ville.

Il était donc arrivé un moment où la prison s'était vidée et où le silence avait succédé à l'effroyable tonnerre de hurlements qui roulait par les escaliers.

Rosa avait profité de ce moment, était

sortie de sa cachette et en avait fait sortir son père.

La prison était complètement déserte ; à quoi bon rester dans la prison quand on égorgeait au Tol-Hek ?

Gryphus sortit tout tremblant derrière la courageuse Rosa. Ils allèrent fermer tant bien que mal la grande porte, nous disons tant bien que mal, car elle était à moitié brisée. On voyait que le torrent d'une puissante colère avait passé par là.

Vers quatre heures, on entendit le bruit qui revenait, mais ce bruit n'avait rien d'inquiétant pour Gryphus et pour sa fille. Ce bruit, c'était celui des cadavres que l'on traînait et que l'on revenait pendre à la place accoutumée des exécutions.

Rosa, cette fois encore, se cacha, mais c'était pour ne pas voir l'horrible spectacle.

A minuit, on frappa à la porte du Buytenhoff, où plutôt à la barricade qui la remplaçait.

C'était Cornélius van Baërle que l'on amenait.

Quand le geôlier Gryphus reçut ce nouvel hôte et qu'il eut vu sur la lettre d'écrou la qualité du prisonnier,

— Filleul de Corneille de Witt, murmura-t-il avec son sourire de geôlier; ah! jeune homme, nous avons justement ici la chambre de famille; nous allons vous la donner.

Et enchanté de la plaisanterie qu'il venait de faire, le farouche orangiste prit son fallot et les clés pour conduire Cornélius dans la cellule qu'avait le matin même quittée Corneille de Witt pour l'*exil*, tel que l'entendent en temps de révolution ces grands moralistes qui disent comme un axiôme de haute politique:

— Il n'y a que les morts qui ne reviennent pas.

Gryphus se prépara donc à conduire le filleul dans la chambre du parrain.

Sur la route qu'il fallait parcourir pour arriver à cette chambre, le désespéré fleuriste n'entendit rien que l'aboiement d'un chien, ne vit rien que le visage d'une jeune fille.

Le chien sortit d'une niche creusée dans le mur, en secouant une grosse chaîne, et il flaira Cornélius afin de le bien reconnaître au moment où il lui serait ordonné de le dévorer.

La jeune fille, quand le prisonnier fit gémir la rampe de l'escalier sous sa main alourdie, entr'ouvrit le guichet d'une chambre qu'elle habitait dans l'épaisseur de cet escalier même. Et la lampe à la main droite, elle éclaira en même temps son charmant visage rose encadré dans d'admirables cheveux blonds à torsades épaisses, tandis que de la gauche elle croisait sur la poitrine son blanc vêtement de nuit, car elle avait été réveillée de son premier sommeil par l'arrivée inattendue de Cornélius.

C'était un bien beau tableau à peindre et en tout digne de maître Rembrandt que cette spirale noire de l'escalier illuminée par le fallot rougeâtre de Gryphus avec la sombre figure de geôlier ; au sommet, la mélancolique figure de Cornélius qui se penchait sur la rampe pour regarder au-dessous de lui, encadré par le guichet lumineux, le suave visage et son geste pudique un peu contrarié peut-être par la position élevée de Cornélius, placé sur ces marches, d'où son regard caressait vague et triste les épaules blanches et rondes de la jeune fille.

Puis, en bas, tout-à-fait dans l'ombre, à cet endroit de l'escalier où l'obscurité faisait disparaître les détails, les yeux d'escarboucles du molosse secouant sa chaîne aux anneaux de laquelle la double lumière de la lampe de Rosa et du fallot de Gryphus venait attacher une brillante paillette.

Mais ce que n'aurait pu rendre dans son

tableau le sublime maître, c'est l'expression douloureuse qui parut sur le visage de Rosa quand elle vit ce beau jeune homme pâle monter l'escalier lentement et qu'elle put lui appliquer ces sinistres paroles prononcées par son père :

— Vous aurez la chambre de famille.

Cette vision dura un moment, beaucoup moins de temps que nous n'avons mis à la décrire. Puis Gryphus continua son chemin, Cornélius fut forcé de le suivre, et cinq minutes après il entrait dans le cachot, qu'il est inutile de décrire, puisque le lecteur le connaît déjà.

Gryphus, après avoir montré du doigt

au prisonnier le lit sur lequel avait tant souffert le martyr qui dans la journée même avait rendu son âme à Dieu, reprit son fallot et sortit.

Quant à Cornélius, resté seul, il se jeta sur ce lit, mais ne dormit point. Il ne cessa d'avoir l'œil fixé sur l'étroite fenêtre à treillis de fer qui prenait son jour sur le Buytenhoff; il vit de cette façon blanchir par-delà les arbres ce premier rayon de lumière que le ciel laisse tomber sur la terre comme un blanc manteau.

Çà et là, pendant la nuit, quelques chevaux rapides avaient galopé sur le Buytenhoff, des pas pesants de patrouilles avaient frappé le petit pavé rond de la place, et les mèches des arquebuses avaient, en s'allumant au vent d'ouest, lancé jusqu'au vitrail de la prison d'intermittants éclairs.

Mais quand le jour naissant argenta le faîte chaperonné des maisons, Cornélius, impatient de savoir si quelque chose vivait à l'entour de lui, s'approcha de la fenêtre et promena circulairement un triste regard.

A l'extrémité de la place, une masse noirâtre, teintée de bleu sombre par les brumes matinales, s'élevait découpant sur les maisons pâles sa silhouette irrégulière.

Cornélius reconnut le gibet.

A ce gibet pendaient deux informes lambeaux qui n'étaient plus que des squelettes encore saignants.

Le bon peuple de La Haye avait déchiqueté les chairs de ses victimes, mais rapporté fidèlement au gibet le prétexte d'une double inscription tracée sur une énorme pancarte.

Sur cette pancarte, avec ses yeux de vingt-huit ans, Cornélius parvint à lire les lignes suivantes tracées par l'épais pinceau de quelque barbouilleur d'enseignes :

« Ici pendent le grand scélérat nommé

Jean de Witt et le petit coquin Corneille de Witt, son frère, deux ennemis du peuple, mais grands amis du roi de France. »

Cornélius poussa un cri d'horreur, et dans le transport de sa terreur délirante frappa des pieds et des mains à sa porte, si rudement et si précipitamment que Gryphus accourut furieux, son trousseau d'énormes clés à la main.

Il ouvrit la porte en proférant d'horribles imprécations contre le prisonnier qui le dérangeait en dehors des heures où il avait l'habitude de se déranger.

— Ah çà mais ! dit-il, est-il enragé cet

autre de Witt! s'écria-t-il ; mais ces de Witt ont donc le diable au corps !

— Monsieur, monsieur, dit Cornélius en saisissant le geôlier par le bras et en le traînant vers la fenêtre ; — monsieur, qu'ai-je donc lu là-bas ?

—Où, là-bas ?

— Sur cette pancarte.

Et tremblant, pâle et haletant, il lui montrait, au fond de la place, le gibet surmonté de la cynique inscription.

Gryphus se mit à rire.

— Ah! ah! répondit-il. Oui, vous avez lu... Eh bien! mon cher monsieur, voilà où l'on arrive quand on a des intelligences avec les ennemis de M. le prince d'Orange.

— Messieurs de Witt ont été assassinés! murmura Cornélius, la sueur au front et en se laissant tomber sur son lit, les bras pendants, les yeux fermés.

— Messieurs de Witt ont subi la justice du peuple, dit Gryphus ; appelez-vous cela assassinés, vous ? moi, je dis, exécutés.

Et, voyant que le prisonnier était arrivé non-seulement au calme, mais à l'anéantissement, il sortit de la chambre, tirant la porte avec violence, et faisant rouler les verrous avec bruit.

En revenant à lui, Cornélius se trouva seul et reconnut la chambre où il se trouvait, la chambre de famille, ainsi que l'avait appelée Gryphus, comme le passage fatal qui devait aboutir pour lui à une triste mort.

Et comme c'était un philosophe, comme c'était surtout un chrétien, il commença par prier pour l'âme de son parrain, puis pour celle du grand pensionnaire, puis enfin il se résigna lui-même à tous les maux qu'il plairait à Dieu de lui envoyer.

Puis, après être descendu du ciel sur la

terre, être rentré de la terre dans son cachot, s'être bien assuré que dans ce cachot il était seul, il tira de sa poitrine les trois caïeux de la tulipe noire et la cacha derrière un grès sur lequel on posait la cruche traditionnelle, dans le coin le plus obscur de la prison.

Inutile labeur de tant d'années! destruction de si douces espérances! sa découverte allait donc aboutir au néant comme lui à la mort! — Dans cette prison, pas un brin d'herbe, pas un atôme de terre, pas un rayon de soleil.

A cette pensée, Cornélius entra dans un sombre désespoir dont il ne sortit que par une circonstance extraordinaire.

Quelle était cette circonstance ?

C'est ce que nous nous réservons de dire dans le chapitre suivant.

X

X

La fille du geôlier.

Le même soir, comme il apportait la pitance du prisonnier, Gryphus, en ouvrant la porte de la prison, glissa sur la dalle humide et tomba en essayant de se retenir. Mais la main portant à faux, il se cassa le bras au-dessus du poignet.

Cornélius fit un mouvement vers le geôlier ; mais comme il ne se doutait pas de la gravité de l'accident.

— Ce n'est rien, dit Gryphus, ne bougez pas.

Et il voulut se relever en s'appuyant sur son bras, mais l'os plia ; Gryphus seulement alors sentit la douleur et jeta un cri.

Il comprit qu'il avait le bras cassé, et cet homme si dur pour les autres, retomba évanoui sur le seuil de la porte, où il demeura inerte et froid, semblable à un mort.

Pendant ce temps, la porte de la prison était demeurée ouverte, et Cornélius se trouvait presque libre.

Mais l'idée ne lui vint même pas à l'esprit de profiter de cet accident; il avait vu, à la façon dont le bras avait plié, au bruit qu'il avait fait en pliant, qu'il y avait fracture, qu'il y avait douleur; il ne songea pas à autre chose qu'à porter secours au blessé, si mal intentionné que le blessé lui eût paru à son endroit dans la seule entrevue qu'il eût eue avec lui.

Au bruit que Gryphus avait fait en tombant, à la plainte qu'il avait laissé échapper, un pas précipité se fit entendre dans l'escalier, et à l'apparition qui suivit immédiatement le bruit de ce pas, Cornélius poussa un petit cri auquel répondit le cri d'une jeune fille.

Celle qui avait répondu au cri poussé par Cornélius, c'était la belle Frisonne, qui, voyant son père étendu à terre et le prisonnier courbé sur lui, avait cru d'abord que Gryphus, dont elle connaissait la brutalité, était tombé à la suite d'une lutte engagée entre lui et le prisonnier.

Cornélius comprit ce qui se passait dans le cœur de la jeune fille au moment même où le soupçon entrait dans son cœur.

Mais ramenée par le premier coup

d'œil à la vérité et honteuse de ce qu'elle avait pu penser, elle leva sur le jeune homme ses beaux yeux humides et lui dit :

— Pardon et merci, monsieur. Pardon de ce que j'avais pensé, et merci de ce que vous faites.

Cornélius rougit.

— Je ne fais que mon devoir de chrétien, dit-il, en secourant mon semblable.

— Oui, en le secourant ce soir, vous avez oublié les injures qu'il vous a dites ce matin. Monsieur, c'est plus que de l'humanité, c'est plus que du christianisme.

Cornélius leva les yeux sur la belle enfant, tout étonné qu'il était d'entendre sortir de la bouche d'une jeune fille du peuple une parole à la fois si noble et si compatissante.

Mais il n'eut pas le temps de lui témoigner sa surprise. Gryphus, revenu de son évanouissement, ouvrit les yeux, et sa brutalité accoutumée lui revenant avec la vie.

— Ah ! voilà ce que c'est, dit-il, on se presse d'apporter le souper du prisonnier, on tombe en se hâtant, en tombant on se casse le bras, et l'on vous laisse là sur le carreau.

— Silence, mon père, dit Rosa, vous êtes injuste envers ce jeune monsieur, que j'ai trouvé occupé à vous secourir.

— Lui? fit Gryphus avec un air de doute.

— Cela est si vrai, monsieur, que je suis tout prêt à vous secourir encore.

— Vous? dit Gryphus; êtes-vous donc médecin?

— C'est mon premier état, dit le prisonnier.

— De sorte que vous pourriez me remettre le bras?

— Parfaitement.

— Et que vous faut-il pour cela, voyons?

— Deux clavettes de bois et des bandes de linge.

— Tu entends, Rosa, dit Gryphus, le prisonnier va me remettre le bras; c'est une économie; voyons, aide-moi à me lever, je suis de plomb.

Rosa présenta au blessé son épaule; le

blessé entoura le col de la jeune fille de son bras intact, et faisant un effort, il se mit sur ses jambes, tandis que Cornélius, pour lui épargner le chemin, roulait vers lui un fauteuil.

Gryphus s'assit dans le fauteuil, puis se retournant vers sa fille.

— Eh bien, n'as-tu pas entendu! lui dit-il. Va chercher ce que l'on te demande.

Rosa descendit et rentra un instant après avec deux douves de baril et une grande bande de linge.

Cornélius avait employé ce temps-là à

ôter la veste du geôlier et à retrousser ses manches.

— Est-ce bien cela que vous désirez, monsieur? demanda Rosa.

Oui, mademoiselle, fit Cornélius en jetant les yeux sur les objets apportés ; oui, c'est bien cela. Maintenant, poussez cette table pendant que je vais soutenir le bras de votre père.

Rosa poussa la table. Cornélius posa le bras cassé dessus, afin qu'il se trouvât à plat, et avec une habilité parfaite, rajusta la fracture, adapta la clavette et serra les bandes.

A la dernière épingle, le geôlier s'évanouit une seconde fois.

— Allez chercher du vinaigre, mademoiselle, dit Cornélius, nous lui en frotterons les tempes, et il reviendra.

Mais au lieu d'accomplir la prescription qui lui était faite, Rosa, après s'être assurée que son père était bien sans connaissance, s'avança vers Cornélius.

— Monsieur, dit-elle, service pour service.

— Qu'est-ce à dire, ma belle enfant ? demanda Cornélius.

— C'est-à-dire, monsieur, que le juge qui doit vous interroger demain est venu s'informer aujourd'hui de la chambre où vous étiez ; qu'on lui a dit que vous occupiez la chambre de M. Corneille de Witt, et qu'à cette réponse, il a ri d'une façon sinistre qui me fait croire que rien de bon ne vous attend.

— Mais, demanda Cornélius, que peut-on me faire ?

— Voyez d'ici ce gibet.

— Mais je ne suis pas coupable, dit Cornélius.

— L'étaient-ils, eux, qui sont là-bas, pendus, mutilés, déchirés ?

— C'est vrai, dit Cornélius en s'assombrissant.

— D'ailleurs, continua Rosa, l'opinion publique veut que vous le soyez, coupable. Mais enfin, coupable ou non, votre procès commencera demain ; après-demain, vous serez condamné : les choses vont vite par le temps qui court.

— Eh bien, que concluez-vous de tout ceci, mademoiselle ?

— J'en conclus que je suis seule, que je suis faible, que mon père est évanoui, que le chien est muselé, que rien par conséquent ne vous empêche de vous sauver. Sauvez-vous donc, voilà ce que je conclus.

— Que dites-vous ?

— Je dis que je n'ai pu sauver M. Corneille, ni M. Jean de Witt, hélas! et que je voudrais bien vous sauver, vous. Seulement, faites vite; voilà la respiration qui revient à mon père, dans une minute peut-être il rouvrira les yeux, et il sera trop tard. Vous hésitez?

En effet, Cornélius demeurait immobile, regardant Rosa, mais comme s'il la regardait sans l'entendre.

— Ne comprenez-vous pas? fit la jeune fille impatiente.

— Si fait, je comprends, fit Cornélius; mais...

— Mais?

— Je refuse. On vous accuserait.

— Qu'importe? dit Rosa en rougissant.

— Merci, mon enfant, reprit Cornélius, mais je reste.

— Vous restez! Mon Dieu! mon Dieu! N'avez-vous donc pas compris que vous serez condamné... condamné à mort, exécuté sur un échafaud et peut-être assassiné, mis en morceaux comme on a assassiné et mis en morceaux M. Jean et M. Corneille! Au nom du ciel, ne vous occupez pas de moi et fuyez cette chambre où vous êtes. Prenez-y garde, elle porte malheur aux de Witt?

— Hein ! s'écria le geôlier en se réveillant. Qui parle de ces coquins, de ces misérables, de ces scélérats de de Witt ?

— Ne vous emportez pas, mon brave homme, dit Cornélius avec son doux sourire ; ce qu'il y a de pis pour les fractures, c'est de s'échauffer le sang.

Puis, tous bas à Rosa :

— Mon enfant, dit-il, je suis innocent. j'attendrai mes juges avec la tranquillité et le calme d'un innocent.

— Silence ! dit Rosa.

— Silence, et pourquoi ?

— Il ne faut pas que mon père

soupçonne que nous avons causé ensemble.

— Où serait le mal?

— Où serait le mal? — C'est qu'il m'empêcherait de jamais revenir ici, dit la jeune fille.

Cornélius reçut cette naïve confidence avec un sourire ; il lui semblait qu'un peu de bonheur luisait sur son infortune.

— Eh bien! que marmottez-vous là tous deux? dit Gryphus en se levant et soutenant son bras droit avec son bras gauche.

— Rien, répondit Rosa ; monsieur me prescrit le régime que vous avez à suivre.

— Le régime que je dois suivre ! le régime que je dois suivre ! Vous aussi, vous en avez un à suivre, la belle !

— Et lequel, mon père ?

— C'est de ne pas venir dans la chambre des prisonniers, ou, quand vous y venez, d'en sortir le plus vite possible ; marchez donc devant moi, et lestement !

Rosa et Cornélius échangèrent un regard.

Celui de Rosa voulait dire :

— Vous voyez bien !

Celui de Cornélius signifiait :

— Qu'il soit fait ainsi qu'il plaira au Seigneur !

FIN DU PREMIER VOLUME.

TABLE

DU PREMIER VOLUME.

Chap. I. Un peuple reconnaissant. 3
    II. Les deux frères. 37
    III. L'élève de Jean de Witt. 71
    IV. L'élève de Jean de Witt (*suite*). 109
    V. L'amateur de tulipes et son voisin. . . . 149
    VI. La haine d'un tulipier. 179
    VII. L'homme heureux fait connaissance avec le malheur. 205
    VIII. La chambre de famille 245
    IX. La chambre de famille (*suite*). 275
    X. La fille du geôlier. 295

Sceaux, imp. de E. Dépée.

Prochainement, il paraîtra un nouvel ouvrage de M.. Emm. GONZALÈS
intitulé : **le Vengeur du Mari**, 4 vol. in-8

LA
TULIPE NOIRE

PAR

ALEXANDRE DUMAS.

2

PARIS
BAUDRY, LIBRAIRE–ÉDITEUR

De Paul de Kock, Alphonse Karr, Léon Gozlan, Mme la comtesse Dash, Emmanuel Gonzalès, Mme Camille Bodin, Théophile Gauthier, etc., etc.

34, RUE COQUILLIÈRE.

La Bien-Aimée du Sacré-Cœur. par Mme la comtesse DASH, paraîtra prochainement en 3 vol. in-8.

LA
TULIPE NOIRE.

EN VENTE CHEZ BAUDRY ÉDITEUR.

Les Amours de Bussy-Rabutin, par Madame Dash...........................	4 vol. in-8.
Esaü le Lépreux, par Emm. Gonzalès......	5 vol. in-8.
La Marquise sanglante, par Mme Dash...	3 vol. in-8.
Taquinet le Bossu, par Paul de Kock.......	2 vol. in-8.
La Famille Alain, par Alphonse Karr......	3 vol. in-8.
L'Amour qui passe et l'amour qui vient, par Paul de Kock................	2 vol. in-8.
La Maison Dombey père et fils, par Charles Dickens, traduit par Benjamin Laroche...	2 vol. in-8.
Deux Femmes, ou *l'Égoïste et le Dissipateur*, par L. de Constant..........................	2 vol. in-8.
Le Chateau de Montbrun, par Él. Berthet.	3 vol. in-8.
Scènes de la vie russe, *par un conseiller d'État*	4 vol. in-8.
César Birotteau, par Balzac.............	2 vol. in-8.
Sortir d'un rêve, par Eugène de Mirecourt..	2 vol. in-8.
C'était écrit, ou *Lion batave*, par V. Gaver..	2 vol. in-8.
Les Stuarts, par Alexandre Dumas.........	2 vol. in-8.
L'Amoureux transi, par Paul de Kock.....	4 vol. in-8.
Une ténébreuse affaire, par Balzac.....	3 vol. in-8.
Le Duc d'Enghien, par Marco de St-Hilaire..	1 vol. in-8.
Les Habitations napoléonniennes, par le même...........................	1 vol. in-8.
Le Gantier d'Orléans, par J. Lafitte......	3 vol. in-8.
Satanstoé, ou la famille Littlepage, par Cooper.	2 vol. in-8.
Les Jumeaux de la Réole, par André Delrieu, auteur de *la Vie d'Artiste*..............	2 vol. in-8.
Un Mariage comme il y en a tant....	1 vol. in-8.
Rose et Marie, par l'auteur de *l'Échelle du Mal*.	1 vol. in-8.
Dette de jeu, par P.-L. Bibliophile Jacob....	2 vol. in-8.
Les trois Mousquetaires, par Al. Dumas.	8 vol. in-8.
L'Amant de la lune, par Paul de Kock.....	10 vol. in-8.
D'Artagnan, capitaine des Mousquetaires, pouvant servir de complément à *Vingt Ans après*, par Dumas, ouvrage complet en 2 beaux	vol. in-8.
Alice de Lostange, par Mme Camille Bodin..	2 vol. in-8.
Le Garde d'honneur, par Roger de Beauvoir.	2 vol. in-8.
L'Hôtel Pimodan, par le même............	4 vol. in-8.
Les Bourgeois de Paris, par A. de Bast..	2 vol. in-8.
La Comtesse de Brennes, par Léon Gozlan.	3 vol. in-8.
Les deux Favorites, roman historique du temps de Duguesclin, par Emmanuel Gonzalès....	3 vol. in-8.

Corbeil, typ. et lith. de Crété.

LA
TULIPE NOIRE

PAR

ALEXANDRE DUMAS.

2

PARIS
BAUDRY, LIBRAIRE-ÉDITEUR

De Paul de KOCK, Alphonse KARR, Léon GOZLAN, Mme la comtesse DASH, Emmanuel
GONZALÈS, Mme Camille BODIN, Théophile GAUTHIER, etc., etc.

34, RUE COQUILLIÈRE.

1850

I

Le testament de Cornélius van Baërle.

Rosa ne s'était point trompée. Les juges vinrent le lendemain au Buytenhoff et interrogèrent Cornélius van Baërle. Au reste, l'interrogatoire ne fut pas long ; il fut avéré que Cornélius avait gardé chez lui cette correspondance fatale des de Witt avec la France.

Il ne le nia point.

Il était seulement douteux aux yeux des juges que cette correspondance lui eût été remise par son parrain, Corneille de Witt.

Mais, comme depuis la mort des deux martyrs, Cornélius van Baërle n'avait plus rien à ménager, non-seulement il ne nia point que le dépôt lui eût été confié par Corneille en personne, mais encore il raconta comment, de quelle façon et dans quelle circonstance le dépôt lui avait été confié.

Cette confidence impliquait le filleul dans le crime du parrain.

Il y avait complicité patente entre Corneille et Cornélius.

Cornélius ne se borna point à cet aveu : il dit toute la vérité à l'endroit de ses sympathies, de ses habitudes, de ses familiarités. Il dit son indifférence en politique, son amour pour l'étude, pour les arts, pour les sciences et pour les fleurs. Il raconta que jamais, depuis le jour où Corneille était venu à Dordrecht, et lui avait confié ce dépôt, ce dépôt n'avait été ni touché ni même aperçu par le dépositaire.

On lui objecta qu'à cet égard il était impossible qu'il dît la vérité, puisque les papiers étaient justement dans une armoire où chaque jour il plongeait la main et les yeux.

Cornélius répondit que cela était vrai, mais qu'il ne mettait la main dans le tiroir que pour s'assurer que ses oignons étaient bien secs, et qu'il n'y plongeait les yeux que pour s'assurer si ses oignons commençaient à germer.

On lui objecta que sa prétendue indifférence à l'égard de ce dépôt ne pouvait se soutenir raisonnablement, parce qu'il était impossible qu'ayant reçu un pareil dépôt de la main de son parrain, il n'en connût pas l'importance.

Ce à quoi il répondit :

Que son parrain Corneille l'aimait trop et surtout était un homme trop sage pour lui avoir rien dit de la teneur de ces papiers, puisque cette confidence n'eût servi qu'à tourmenter le dépositaire.

On lui objecta que si M. de Witt avait agi de la sorte, il eût joint au paquet, en cas d'accident, un certificat constatant que son filleul était complètement étranger à cette correspondance, ou bien, pendant son procès, lui eût écrit quelque lettre qui pût servir à sa justification.

Cornélius répondit que sans doute son parrain n'avait point pensé que son dépôt courût aucun danger, caché comme il l'était dans une armoire qui était regardée comme aussi sacrée que l'arche pour toute la maison van Baërle; que par conséquent il avait jugé le certificat inutile; que, quant à une lettre, il avait quelque souvenir qu'un moment avant son arrestation, et comme il était absorbé dans la contemplation d'un oignon des plus rares, le serviteur de M. Jean de Witt était entré dans son séchoir et lui avait remis un papier; mais que de tout cela il ne lui était resté qu'un souvenir pareil à celui qu'on a d'une vision; que le serviteur avait disparu, et que quant au papier, peut-être le trouverait-on si on le cherchait bien.

Quant à Craëcke, il était impossible de

le retrouver, attendu qu'il avait quitté la Hollande.

Quant au papier, il était si peu probable qu'on le retrouverait, qu'on ne se donpas la peine de le chercher.

Cornélius lui-même n'insista pas beaucoup sur ce point, puisque, en supposant que ce papier se retrouvât, il pouvait n'avoir aucun rapport avec la correspondance qui faisait le corps du délit.

Les juges voulurent avoir l'air de pousser Cornélius à se défendre mieux qu'il ne le faisait ; ils usèrent vis-à-vis de lui de cette bénigne patience qui dénote soit un magistrat intéressé par l'accusé, soit un vainqueur qui a terrassé son adversaire et qui étant complètement maître de lui, n'a pas besoin de l'opprimer pour le perdre.

Cornélius n'accepta point cette hypocrite protection, et dans une dernière réponse qu'il fit avec la noblesse d'un martyr et le calme d'un juste :

— Vous me demandez, Messieurs, dit-il, des choses auxquelles je n'ai rien à répondre, sinon l'exacte vérité. Or, l'exacte vérité, la voici. Le paquet est entré chez moi par la voie que j'ai dite; je proteste devant Dieu que j'en ignorais et que j'en ignore encore le contenu; qu'au jour de mon arrestation seulement, j'ai su que ce dépôt était la correspondance du grand pensionnaire avec le marquis de Louvois. Je proteste enfin que j'ignore et comment on a pu savoir que ce paquet était chez moi, et surtout comment je puis être coupable pour avoir accueilli ce que m'apportait mon illustre et malheureux parrain.

Ce fut là tout le plaidoyer de Cornélius. Les juges allèrent aux opinions.

Ils considérèrent :

Que tout rejeton de dissension civile est funeste, en ce qu'il ressuscite la guerre qu'il est de l'intérêt de tous d'éteindre.

L'un d'eux, et c'était un homme qui

passait pour un profond observateur, établit que ce jeune homme si flegmatique en apparence devait être très dangereux en réalité, attendu qu'il devait cacher sous le manteau de glace qui lui servait d'enveloppe un ardent désir de venger MM. de Wit, ses proches.

Un autre fit observer que l'amour des tulipes s'allie parfaitement avec la politique, et qu'il est historiquement prouvé que plusieurs hommes très dangereux ont jardiné ni plus ni moins que s'ils en faisaient leur état, quoiqu'au fond ils fussent occupés de bien autre chose. Témoin Tarquin l'Ancien, qui cultivait des pavots à Gabies, et le grand Condé, qui arrosait ses œillets au donjon de Vincennes, et cela au moment où le premier méditait sa rentrée à Rome et le second sa sortie de prison.

Le Juge conclut par ce dilemme.

Ou M. Cornélius van Baërle aime fort les tulipes, ou il aime fort la politique; dans l'un et l'autre cas, il nous a menti, d'abord parce qu'il est prouvé qu'il s'occupait de politique, et cela par les lettres que l'on a trouvées chez lui; ensuite parce qu'il est prouvé qu'il s'occupait de tulipes. Les caïeux sont là qui en font foi. Enfin, et là était l'énormité, puisque Cornélius van Baërle s'occupait à la fois de tulipes et de politique, l'accusé était donc d'une nature hybride, d'une organisation amphibie, travaillant avec une ardeur égale la politique et la tulipe, ce qui lui donnerait tous les caractères de l'espèce d'hommes la plus dangereuse au repos public et une certaine ou plutôt une complète analogie avec les grands esprits dont Tarquin l'Ancien et M. de Condé fournissaient tout-à-l'heure un exemple.

Le résultat de tous ces raisonnements fut que M. le prince stathouder de Hollande saurait, sans aucun doute, un gré infini à la magistrature de La Haye de lui simplifier l'administration des Sept Provinces, en détruisant jusqu'au moindre germe de conspiration contre son autorité.

Cet argument prima tous les autres, et pour détruire efficacement le germe des conspirations, la peine de mort fut prononcée à l'unanimité contre M. Cornélius van Baërle, atteint et convaincu d'avoir, sous les apparences innocentes d'un amateur de tulipes, participé aux détestables intrigues et aux abominables complots de MM. de Wit contre la nationalité hollandaise et à leurs secrètes relations avec l'ennemi français.

La sentence portait subsidiairement que le susdit Cornélius van Baërle serait extrait de la prison de Buytenhoff pour être conduit à l'échafaud dressé sur la place du même nom, où l'exécuteur des jugements lui trancherait la tête.

Comme cette délibération avait été sérieuse, elle avait duré une demi-heure, et pendant cette demi-heure, le prisonnier avait été réintégré dans sa prison.

Ce fut là que le greffier des Etats vint lui lire l'arrêt.

Maître Gryphus était retenu sur son lit par la fièvre que lui causait la fracture de son bras. Ses clefs étaient passées aux mains d'un de ses valets surnuméraires, et derrière ce valet, qui avait introduit le greffier, Rosa, la belle Frisonne, s'était venue placer à l'encoignure de la porte, un mouchoir sur sa bouche pour étouffer ses soupirs et ses sanglots.

Cornélius écouta la sentence avec un visage plus étonné que triste.

La sentence lue, le greffier lui demanda s'il avait quelque chose à répondre.

—Ma foi, non, répondit-il. J'avoue seulement qu'entre toutes les causes de mort qu'un homme de précaution peut prévoir pour les parer, je n'eusse jamais soupçonné celle-là.

Sur laquelle réponse le greffier salua Cornélius van Baërle avec toute la considération que ces sortes de fonctionnaires accordent aux grands criminels de tout genre.

Et comme il allait sortir.

— A propos, monsieur le greffier, dit Cornélius, pour quel jour est la chose, s'il vous plaît.

— Mais pour aujourd'hui, répondit le greffier, un peu gêné par le sang-froid du condamné.

Un sanglot éclata derrière la porte.

Cornélius se pencha pour voir qui avait poussé ce sanglot, mais Rosa avait deviné le mouvement et s'était rejetée en arrière.

— Et, ajouta Cornélius, à quelle heure l'exécution ?

— Monsieur, pour midi.

— Diable ! fit Cornélius, j'ai entendu, ce me semble, sonner dix heures il y a au moins vingt minutes. Je n'ai pas de temps à perdre.

— Pour vous réconcilier avec Dieu, oui, Monsieur, fit le greffier en saluant jusqu'à terre, et vous pouvez demander tel ministre qu'il vous plaira.

En disant ces mots, il sortit à reculons, et le geôlier remplaçant l'allait suivre en refermant la porte de Cornélius, quand un bras blanc et qui tremblait s'interposa entre cet homme et la lourde porte.

Cornélius ne vit que le casque d'or aux oreillettes de dentelles blanches, coiffure des belles Frisonnes; il n'entendit qu'un murmure à l'oreille du guichetier; mais celui-ci remit ses lourdes clefs dans la main blanche qu'on lui tendait, et, descendant quelques marches, il s'assit au milieu de l'escalier, gardé ainsi en haut par lui, en bas par le chien.

Le casque d'or fit volte-face, et Cornélius reconnut le visage sillonné de pleurs et les grands yeux bleus tout noyés de la belle Rosa.

La jeune fille s'avança vers Cornélius en appuyant ses deux mains sur sa poitrine brisée.

— Oh! Monsieur! Monsieur! dit-elle.

Et elle n'acheva point.

— Ma belle enfant, répliqua Cornélius ému, que désirez-vous de moi? Je n'ai pas grand pouvoir désormais sur terre, je vous en avertis.

— Monsieur, je viens réclamer de vous une grâce, dit Rosa tendant ses mains moitié vers Cornélius, moitié vers le ciel.

— Ne pleurez pas ainsi, Rosa, dit le prisonnier, car vos larmes m'attendrissent bien plus que ma mort prochaine. Et, vous le savez, plus le prisonnier est innocent, plus il doit mourir avec calme et même avec joie, puisqu'il meurt martyr. Voyons, ne pleurez plus et dites-moi votre désir, ma belle Rosa.

La jeune fille se laissa glisser à genoux.

— Pardonnez à mon père, dit-elle.

— A votre père? dit Cornélius étonné.

— Oui, il a été si dur pour vous! mais il est ainsi de sa nature, il est ainsi pour tous, et ce n'est pas vous particulièrement qu'il a brutalisé.

— Il est puni, chère Rosa, plus que puni même par l'accident qui lui est arrivé, et je lui pardonne.

— Merci! dit Rosa. Et maintenant, dites, puis-je, moi, à mon tour, quelque chose pour vous?

— Vous pouvez sécher vos beaux yeux, chère enfant, répondit Cornélius avec son doux sourire.

— Mais pour vous... pour vous...

— Celui qui n'a plus à vivre qu'une

heure est un grand sybarite s'il a besoin de quelque chose, chère Rosa.

— Ce ministre qu'on vous avait offert?

— J'ai adoré Dieu toute ma vie, Rosa. Je l'ai adoré dans ses œuvres, béni dans sa volonté. Dieu ne peut rien avoir contre moi. Je ne vous demanderai donc pas un ministre. La dernière pensée qui m'occupe, Rosa, se rapporte à la glorification de Dieu. Aidez-moi, ma chère, je vous en prie, dans l'accomplissement de cette dernière pensée.

— Ah! monsieur Cornélius, parlez, parlez! s'écria la jeune fille inondée de larmes.

— Donnez-moi votre belle main, et promettez-moi de ne pas rire, mon enfant.

— Rire ! s'écria Rosa au désespoir, rire en ce moment ! Mais vous ne m'avez donc pas regardée, monsieur Cornélius ?

— Je vous ai regardée, Rosa, et avec les yeux du corps et avec les yeux de l'âme. Jamais femme plus belle, jamais âme plus pure ne s'était offerte à moi; et si je ne vous regarde plus à partir de ce moment, pardonnez-moi, c'est parce que, prêt à sortir de la vie, j'aime mieux n'avoir rien rien à y regretter.

Rosa tressaillit. Comme le prisonnier

disait ces paroles, onze heures sonnaient au beffroi du Buytenhoff.

Cornélius comprit.

— Oui, oui, hâtons-nous, dit-il, vous avez raison, Rosa.

Alors tirant de sa poitrine, où il l'avait caché de nouveau depuis qu'il n'avait plus peur d'être fouillé, le papier qui enveloppait les trois caïeux.

— Ma belle amie, dit-il, j'ai beaucoup aimé les fleurs. C'était dans le temps où j'ignorais que l'on pût aimer autre chose. Oh! ne rougissez pas, ne vous détournez pas, Rosa, dussé-je vous faire une déclaration d'amour. Cela, pauvre enfant, ne tirerait pas à conséquence ; il y a là-bas sur le Buytenhoff certain acier qui dans soixante minutes fera raison de ma témérité. Donc j'aimais les fleurs, Rosa, et j'avais trouvé, je le crois du moins, le secret de la grande tulipe noire que l'on croit impossible, et qui est, vous le savez ou vous ne le savez pas, l'objet d'un prix de cent mille florins proposé par la société horticole de Harlem. Ces cent mille florins, et Dieu sait que ce ne sont pas eux que je regrette, ces cent mille florins je les ai là dans ce papier ; ils sont gagnés avec les trois caïeux qu'il renferme, et que vous pouvez prendre, Rosa, car je vous les donne.

— Monsieur Cornélius!

— Oh! vous pouvez les prendre, Rosa, vous ne faites de tort à personne, mon enfant. Je suis seul au monde; mon père et ma mère sont morts; je n'ai jamais eu ni sœur ni frère; je n'ai jamais pensé à aimer personne d'amour, et si quelqu'un a pensé à m'aimer, je ne l'ai jamais su. Vous le voyez bien d'ailleurs, Rosa, que je suis abandonné, puisque à cette heure vous seule êtes dans mon cachot, me consolant et me secourant.

— Mais, Monsieur, cent mille florins...

— Ah! soyons sérieux, chère enfant, dit

Cornélius. Cent mille florins feront une belle dot à votre beauté ; vous les aurez, les cent mille florins, car je suis sûr de mes caïeux. Vous les aurez donc, chère Rosa, et je ne vous demande en échange que la promesse d'épouser un brave garçon, jeune, que vous aimerez, et qui vous aimera autant que moi j'aimais les fleurs. Ne m'interrompez pas, Rosa, je n'ai plus que quelques minutes...

La pauvre fille étouffait sous ses sanglots.

Cornélius lui prit la main.

— Ecoutez-moi, continua-t-il ; voici comment vous procéderez. Vous prendrez de la terre dans mon jardin de Dordrecht. Demandez à Butruysheim, mon jardinier, du terreau de ma plate-bande n° 6; vous y planterez dans une caisse profonde ces trois caïeux, ils fleuriront en mai prochain, c'est-à-dire dans sept mois, et quand vous verrez la fleur sur sa tige, passez les nuits à la garantir du vent, les jours à la sauver du soleil. Elle fleurira noire, j'en suis sûr. Alors vous ferez prévenir le président de la société de Harlem. Il fera constater par le congrès la couleur de la fleur, et l'on vous comptera les cent mille florins.

Rosa poussa un grand soupir.

— Maintenant, continua Cornélius en

essuyant une larme tremblante au bord de sa paupière et qui était donnée bien plus à cette merveilleuse tulipe noire qu'il ne devait pas voir qu'à cette vie qu'il allait quitter, je ne désire plus rien, sinon que la tulipe s'appelle *Rosa Barlœnsis*, c'est-à-dire qu'elle rappelle en même temps votre nom et le mien, et comme ne sachant pas le latin, bien certainement, vous pourriez oublier ce mot, tâchez de m'avoir un crayon et du papier, que je vous l'écrive.

Rosa éclata en sanglots et tendit un livre relié en chagrin, qui portait les initiales de C. W.

— Qu'est-ce que cela? demanda le prisonnier.

— Hélas! répondit Rosa, c'est la Bible de votre pauvre parrain, Corneille de Wit. Il y a puisé la force de subir la torture et d'entendre sans pâlir son jugement. Je l'ai trouvée dans cette chambre après la mort du martyr, je l'ai gardée comme une relique; aujourd'hui je vous l'apportais, car il me semblait que ce livre avait en lui une force toute divine. Vous n'avez pas eu besoin de cette force que Dieu avait mise en vous. Dieu soit loué! Ecrivez dessus ce que vous avez à écrire, monsieur Cornélius, et quoique j'aie le malheur de ne pas savoir lire, ce que vous écrirez sera accompli.

Cornélius prit la Bible et la baisa respectueusement.

— Avec quoi écrirai-je? demanda-t-il.

— Il y a un crayon dans la Bible, dit Rosa. Il y était, je l'ai conservé.

C'était le crayon que Jean de Wit avait prêté à son frère et qu'il n'avait pas songé à reprendre.

Cornélius le prit, et sur la seconde page, — car, on se le rappelle, la première avait été déchirée, — près de mourir à son tour comme son parrain, il écrivit d'une main non moins ferme :

« Ce 23 août 1672, sur le point de rendre, quoique innocent, mon âme à Dieu

sur un échafaud, je lègue à Rosa Gryphus
le seul bien qui me soit resté de tous mes
biens dans ce monde, les autres ayant été
confisqués; je lègue, dis-je, à Rosa Gryphus trois caïeux qui, dans ma conviction
profonde, doivent donner au mois de mai
prochain la grande tulipe noire, objet du
prix de cent mille florins proposé par la
société de Harlem, désirant qu'elle touche
ces cent mille florins en mon lieu et place
et comme mon unique héritière, à la seule
charge d'épouser un jeune homme de
mon âge à peu près, qui l'aimera et qu'elle
aimera, et de donner à la grande tulipe
noire qui créera une nouvelle espèce le
nom de Rosa Barlœnsis, c'est-à-dire son
nom et le mien réunis.

« Dieu me trouve en grâce et elle en santé !

« CORNÉLIUS VAN BAERLE. »

Puis, donnant la Bible à Rosa.

— Lisez, dit-il.

— Hélas ! répondit la jeune fille à Cornélius : je vous l'ai déjà dit, je ne sais pas lire.

Alors, Cornélius lut à Rosa le testament qu'il venait de faire.

Les sanglots de la pauvre enfant redoublèrent.

— Acceptez-vous mes conditions? demanda le prisonnier en souriant avec mélancolie et en baisant le bout des doigts tremblants de la belle Frisonne.

— Oh! je ne saurais, Monsieur, balbutia-t-elle.

— Vous ne sauriez, mon enfant, et pourquoi donc?

— Parce qu'il y a une de ces conditions que je ne saurais tenir.

— Laquelle? je croyais pourtant avoir fait accommodement par notre traité d'alliance.

— Vous me donnez les cent mille florins à titre de dot?

— Oui.

— Et pour épouser un homme que j'aimerai?

— Sans doute !

— Eh bien ! Monsieur, cet argent ne peut être à moi. Je n'aimerai jamais personne et ne me marierai pas.

Et après ces mots péniblement prononcés, Rosa fléchit sur ses genoux et faillit s'évanouir de douleur.

Cornélius, effrayé de la voir si pâle et si mourante, allait la prendre dans ses bras, lorsqu'un pas pesant, suivi d'autres bruits sinistres, retentit dans les escaliers accompagné des aboiements du chien.

— On vient vous chercher! s'écria Rosa en se tordant les mains. Mon Dieu! mon Dieu! Monsieur, n'avez-vous pas encore quelque chose à me dire?

Et elle tomba à genoux, la tête enfoncée dans ses bras, et toute suffoquée de sanglots et de larmes.

— J'ai à vous dire de cacher précieusement vos trois caïeux et de les soigner selon les prescriptions que je vous ai dites, et pour l'amour de moi. Adieu, Rosa.

— Oh! oui, dit-elle, sans lever la tête, oh! oui, tout ce que vous avez dit, je le ferai. Excepté de me marier, ajouta-t-elle tout bas, car cela, oh! cela, je jure, c'est pour moi chose impossible.

Et elle enfonça dans son sein palpitant le cher trésor de Cornélius.

Ce bruit qu'avaient entendu Cornélius et Rosa, c'était celui que faisait le greffier qui revenait chercher le condamné, suivi de l'exécuteur, des soldats destinés à fournir la garde de l'échafaud; et des curieux familiers de la prison.

Cornélius, sans faiblesse comme sans fanfaronnade, les reçut en amis plutôt qu'en persécuteurs, et se laissa imposer telles conditions qu'il plut à ces hommes pour l'exécution de leur office.

Puis, d'un coup-d'œil jeté sur la place par sa petite fenêtre grillée, il aperçut l'échafaud, et à vingt pas de l'échafaud, le gibet, du bas duquel avaient été détachées, par ordre du stathouder, les reliques outragées des deux frères de Wit.

Quand il lui fallut descendre pour suivre les gardes, Cornélius chercha des yeux le regard angélique de Rosa, mais il ne vit derrière les épées et les hallebardes qu'un corps étendu près d'un banc de bois et un visage livide à demi voilé par de longs cheveux.

Mais, en tombant inanimée, Rosa, pour obéir encore à son ami, avait appuyé sa main sur son corset de velours, et même dans l'oubli de toute vie, continuait instinctivement à recueillir le dépôt précieux que lui avait confié Cornélius.

Et en quittant le cachot le jeune homme put entrevoir dans les doigts crispés de Rosa la feuille jaunâtre de cette Bible sur laquelle Cornélius de Wit avait si péniblement et si douloureusement écrit les quelques lignes qui eussent infailliblement, si Cornélius les avait lues, sauvé un homme et une tulipe.

II

II

L'exécution.

Cornélius n'avait pas trois cents pas à faire hors de la prison pour arriver au pied de son échafaud.

Au bas de l'escalier le chien le regarda passer tranquillement ; Cornélius crut même remarquer dans les yeux du molosse une certaine expression de douceur qui touchait à la compassion.

Peut-être le chien connaissait-il les condamnés et ne mordait-il que ceux qui sortaient libres.

On comprend que plus le trajet était court de la porte de la prison au pied de l'échafaud, plus il était encombré de curieux.

C'étaient ces mêmes curieux qui, mal désaltérés par le sang qu'ils avaient déjà bu trois jours auparavant, attendaient une nouvelle victime.

Aussi, à peine Cornélius apparut-il

qu'un hurlement immense se prolongea dans la rue, s'étendit sur toute la surface de la place, s'éloignant dans les directions différentes des rues qui aboutissaient à l'échafaud, et qu'encombrait la foule.

Aussi l'échafaud ressemblait à une île que serait venu battre le flot de quatre ou cinq rivières.

Au milieu de ces menaces, de ces hurlements et de ces vociférations, pour ne pas les entendre sans doute, Cornélius s'était absorbé en lui-même.

A quoi pensait ce juste qui allait mourir?

Ce n'était ni à ses ennemis, ni à ses juges, ni à ses bourreaux.

C'était aux belles tulipes qu'il verrait du haut du ciel, soit à Ceylan, soit au Bengale, soit ailleurs, alors qu'assis avec tous les innocents à la droite de Dieu, il pourrait regarder en pitié cette terre où on avait égorgé MM. Jean et Corneille de Witt pour avoir trop pensé à la politique, et où on allait égorger M. Cornélius van Baërle pour avoir trop pensé aux tulipes.

L'affaire d'un coup d'épée, disait le philosophe, et mon beau rêve commencera.

Seulement restait à savoir si comme à

M. de Chalais, comme à M. de Thou, et autres gens mal tués, le bourreau ne réservait pas plus d'un coup, c'est-à-dire plus d'un martyre, au pauvre tulipier.

Van Baërle n'en monta pas moins résolument les degrés de son échafaud.

Il y monta orgueilleux, quoiqu'il en eût, d'être l'ami de cet illustre Jean et le filleul de ce noble Corneille que les marauds amassés pour le voir avaient déchiquetés et brûlés trois jours auparavant.

Il s'agenouilla, fit sa prière, et remarqua non sans éprouver une vive joie qu'en posant sa tête sur le billot et en gardant ses yeux ouverts, il verrait jusqu'au dernier moment la fenêtre grillée du Buytenhoff.

Enfin l'heure de faire ce terrible mouvement arriva: Cornélius posa son menton sur le bloc humide et froid. Mais à ce moment, malgré lui ses yeux se fermèrent pour soutenir plus résolument l'horrible avalanche qui allait tomber sur sa tête et engloutir sa vie.

Un éclair vint luire sur le plancher de l'échafaud : le bourreau levait son épée.

Van Baërle dit adieu à la grande tulipe noire, certain de se réveiller en disant bonjour à Dieu dans un monde fait d'une autre lumière et d'une autre couleur.

Trois fois il sentit le vent froid de l'épée passer sur son col frisonnant.

Mais ô surprise !

Il ne sentit ni douleur ni secousse.

Il ne vit aucun changement de nuances.

Puis tout à coup, sans qu'il sût par qui, van Baërle se sentit relever par des mains assez douces et se retrouva bientôt sur ses pieds quelque peu chancelant.

Il rouvrit les yeux.

Quelqu'un lisait quelque chose près de lui, sur un grand parchemin scellé d'un grand sceau de cire rouge.

Et le même soleil, jaune et pâle comme il convient à un soleil hollandais, luisait au ciel, et la même fenêtre grillée le regardait du haut du Buytenhoff, et les mêmes marauds, non plus hurlants mais ébahis, le regardaient du bas de la place.

A force d'ouvrir les yeux, de regarder, d'écouter, van Baërle commença de comprendre ceci.

C'est que monseigneur Guillaume prince d'Orange, craignant sans doute que les dix-sept livres de sang que van Baërle, à quelques onces près, avait dans le corps ne fissent déborder la coupe de la justice céleste, avait pris en pitié son caractère et les semblants de son innocence.

En conséquence, Son Altesse lui avait fait grâce de la vie. — Voilà pourquoi l'épée, qui s'était levée avec ce reflet sinistre, avait voltigé trois fois autour de sa tête comme l'oiseau funèbre autour de celle de Turnus, mais ne s'était point abattue sur sa tête et avait laissé intacts les vertèbres.

Voilà pourquoi il n'y avait eu ni douleur ni secousse. Voilà pourquoi encore le soleil continuait à rire dans l'azur médiocre, il est vrai, mais très supportable des voûtes célestes.

Cornélius, qui avait espéré Dieu et le panorama tulipique de l'univers, fut bien un peu désappointé, mais il se consola en faisant jouer avec un certain bien-être les ressorts intelligens de cette partis du corps que les Grecs appelaient *trachelos* et que nous autres Français nous nommons modestement le col.

Et puis Cornélius espéra bien que la grâce était complète et qu'on allait le rendre à la liberté et à ses plates-bandes de Dordrecht.

Mais Cornélius se trompait, comme le disait vers le même temps Madame de Sévigné, il y avait un *post-scriptum* à la lettre, et le plus important de cette lettre était renfermé dans le *post-scriptum*.

Par ce *post-scriptum*, Guillaume, stathouder de Hollande, condamnait Cornélius van Baërle à une prison perpétuelle.

Il était trop peu coupable pour la mort, mais il était trop coupable pour la liberté.

Corneille écouta donc le *post-scriptum*, puis, après la première contrariété soulevée par la déception que le *post-scriptum* apportait.

— Bah! pensa-t-il, tout n'est pas perdu. La réclusion perpétuelle a du bon. Il y a Rosa dans la réclusion perpétuelle. Il y a encore aussi mes trois caïeux de la tulipe noire.

Mais Cornélius oubliait que les Sept-Provinces peuvent avoir sept prisons, une par province, et que le pain du prisonnier est moins cher ailleurs qu'à La Haye, qui est une capitale.

Son Altesse Guillaume, qui n'avait point à ce qu'il paraît, les moyens de nourrir van Baërle à La Haye, l'envoya faire sa prison perpétuelle dans la forteresse de Loewestein, bien près de Dordrecht, hélas! mais pourtant bien loin.

Car Loewestein, disent les géographes, est situé à la pointe de l'île que forment, en face de Gorcum, le Wahal et la Meuse.

Van Baërle savait assez l'histoire de son

pays pour ne pas ignorer que le célèbre Grotius avait été renfermé dans ce château après la mort de Barneveldt et que les États, dans leur générosité envers le célèbre publiciste, jurisconsulte, historien, poète, théologien, lui avaient accordé une somme de vingt-quatre sous de Hollande par jour pour sa nourriture.

— Moi qui suis bien loin de valoir Grotius, se dit van Baërle, on me donnera douze sous à grand'peine, et je vivrai fort mal, mais enfin je vivrai.

Puis tout à coup frappé d'un souvenir terrible :

— Ah ! s'écria Cornélius, que ce pays

est humide et nuageux ! et que le terrain est mauvais pour les tulipes !

— Et puis Rosa, Rosa qui ne sera pas à Loewestein, murmura-t-il en laissant tomber sur la poitrine sa tête qu'il avait bien manqué de laisser tomber plus bas.

III

III

Ce qui se passait pendant ce temps là dans l'âme d'un spectateur.

Tandis que Cornélius réfléchissait de la sorte, uu carrose s'était approché de l'échafaud.

Ce carrosse était pour le prisonnier. On l'invita à y monter ; il obéit.

Son dernier regard fut pour le Buytenhoff. Il espérait voir à la fenêtre le visage consolé de Rosa, mais le carrosse était attelé de bons chevaux qui emportèrent bientôt van Baërle du sein des acclamations que vociférait cette multitude en l'honneur du très magnanime stathouder avec un certain mélange d'invectives à l'adresse des de Witt et de leur filleul sauvé de la mort.

Ce qui faisait dire aux spectateurs :

— Il est bien heureux que nous nous soyons pressés de faire justice de ce grand scélérat de Jean et de ce petit coquin de Corneille, sans quoi la clémence de son Altesse nous les eût bien certainement enlevés comme elle vient de nous enlever celui-ci !

Parmi tous ces spectateurs que l'exécution de van Baërle avait attirés sur le Buytenhoff, et que la façon dont la chose avait tourné désappointait quelque peu, le plus désappointé, certainement, était certain bourgeois vêtu proprement, et qui depuis le matin avait si bien joué des pieds et des mains qu'il en était arrivé à n'être séparé de l'échafaud que par la rangée de soldats qui entouraient l'instrument du supplice.

Beaucoup s'étaient montrés avides de voir couler le sang *perfide* du coupable Cornélius ; mais nul n'avait mis dans l'expression de ce funeste désir l'acharnement qu'y avait mis le bourgeois en question.

Les plus enragés étaient venus au point du jour sur le Buytenhoff pour se garder une meilleure place ; mais lui, devançant les plus enragés, avait passé la nuit au seuil de la prison, et de la prison il était arrivé au premier rang, comme nous avons dit, *inguibus et rostro*, caressant les uns et frappant les autres.

Et quand le bourreau avait amené son condamné sur l'échafaud, le bourgeois, monté sur une borne de la fontaine pour mieux voir et être mieux vu, avait fait au bourreau un geste qui signifiait :

— C'est convenu, n'est-ce pas ?

Geste auquel le bourreau avait répondu par un geste qui voulait dire :

— Soyez donc tranquille.

Qu'était donc ce bourgeois qui paraissait si bien avec le bourreau et que voulait dire cet échange de geste ?

Rien de plus naturel ; ce bourgeois était mynheer Isaac Boxtel, qui depuis l'arrestation de Cornélius était, comme nous l'avons vu, venu à la Haye pour essayer de s'approprier les trois caïeux de la tulipe noire.

Boxtel avait d'abord essayé de mettre

Gryphus dans ses intérêts, mais celui-ci tenait du boule-dogue pour la fidélité, la défiance et les coups de crocs. Il avait en conséquence pris à rebrousse-poil la haine de Boxtel, qu'il avait évincé comme un fervent ami, s'enquérant de choses indifférentes pour ménager certainement quelque moyen d'évasion au prisonnier.

Aussi, aux premières propositions que Boxtel avait faites à Gryphus, de soustraire les caïeux que devait cacher, sinon dans sa poitrine, du moins dans quelque coin de son cachot, Cornélius van Baërle, Gryphus n'avait répondu que par une expulsion accompagnée des caresses du chien de l'escalier.

Boxtel ne s'était pas découragé pour un fond de culotte resté aux dents du molosse. Il était revenu à la charge ; mais cette fois, Gryphus était dans son lit, fiévreux et le bras cassé. Il n'avait donc pas même admis le pétitionnaire, qui s'était retourné vers Rosa, offrant à la jeune fille, en échange des trois caïeux, une coiffure d'or pur. Ce à quoi la noble jeune fille, quoique ignorant encore la valeur du vol qu'on lui proposait de faire, et qu'on lui offrait de si bien payer, avait renvoyé le tentateur au bourreau, non seulement le dernier juge, mais encore le dernier héritier du condamné.

Ce renvoi fit naître une idée dans l'esprit de Boxtel.

Sur ces entrefaites, le jugement avait été prononcé; jugement expéditif, comme on sait. Isaac n'avait donc le temps de corrompre personne. Il s'arrêta en conséquence à l'idée que lui avait suggéré Rosa; il alla trouver le bourreau.

Isaac ne doutait pas que Cornélius ne mourût avec ses tulipes sur le cœur.

En effet, Boxtel ne pouvait deviner deux choses :

Rosa, c'est-à-dire l'amour ;

Guillaume, c'est-à-dire la clémence.

Moins Rosa et moins Guillaume, les calculs de l'envieux étaient exacts.

Moins Guillaume, Cornélius mourait.

Moins Rosa, Cornélius mourait, ses caïeux sur son cœur.

Mynheer Boxtel alla donc trouver le bourreau, se donna à cet homme comme un grand ami du condamné, et moins les bijoux d'or et d'argent qu'il laissait à l'exécuteur, il acheta toute la défroque du futur mort pour la somme un peu exorbitante de cent florins.

Mais qu'était-ce qu'une somme de cent florins pour un homme à peu près sûr d'acheter pour cette somme le prix de la société de Harlem?

C'était de l'argent prêté à mille pour un, ce qui est, on en conviendra, un assez joli placement.

Le bourreau, de son côté, n'avait rien ou presque rien à faire, pour gagner ses cent florins. Il devait seulement, l'exécution finie, laisser Mynheer Boxtel monter sur l'échafaud avec ses valets pour recueillir les restes inanimés de son ami.

La chose au reste était en usage parmi les fidèles quand un de leurs maîtres mourait publiquement sur le Buytenhoff.

Un fanatique comme l'était Cornélius pouvait bien avoir un autre fanatique qui donnât cent florins de ses reliques.

Aussi le bourreau acquiesça-t-il à la proposition. Il n'y avait mis qu'une seule condition, c'est qu'il serait payé d'avance.

Boxtel, comme les gens qui entrent dans les baraques de foire, pouvait n'être pas content et par conséquent ne pas vouloir payer en sortant.

Boxtel paya d'avance et attendit.

Qu'on juge après cela si Boxtel était ému, s'il surveillait gardes, greffier; exécuteur; si les mouvements de van Baërle l'inquiétaient : comment se placerait-il sur le billot, comment tomberait-il ; en tombant n'écraserait-il pas dans sa chute les inestimables caïeux, avait-il eu soin au moins de les enfermer dans une boîte d'or, par exemple, l'or étant le plus dur de tous les métaux.

Nous n'entreprendrons pas de décrire l'effet produit sur ce digne mortel par l'empêchement apporté à l'exécution de la sentence. A quoi perdait son temps le bourreau à faire flamboyer son épée ainsi au-dessus de la tête de Cornélius au lieu d'abattre cette tête ; mais quand il vit le greffier prendre la main du condamné, le relever tout en tirant de sa poche un parchemin, quand il entendit la lecture publique de la grâce accordée par le stathouder, Boxtel ne fut plus un homme. La rage du tigre, de la hyène et du serpent éclata dans ses yeux, dans son cri, dans son geste; s'il eût été à portée de van Baërle, il se fût jeté sur lui et l'eût assassiné.

Ainsi donc, Cornélius vivrait, Cornélius irait à Loewestein; là, dans sa prison, il emporterait les caïeux, et peut-être se trouverait-il un jardin où il arriverait à faire fleurir la tulipe noire.

Il est certaines catastrophes que la plume d'un pauvre écrivain ne peut décrire, et qu'il est obligé de livrer à l'imagination de ses lecteurs dans toute la simplicité du fait.

Boxtel, pâmé, tomba de sa borne sur quelques orangistes mécontents comme lui de la tournure que venait de prendre l'affaire. Lesquels, pensant que les cris poussés par mynheer Isaac, étaient des cris de joie, le bourrèrent de coups de poings, qui certes n'eussent pas été mieux donnés de l'autre côté du détroit.

Mais que pouvaient ajouter quelques coups de poings à la douleur que ressentait Boxtel !

Il voulut alors courir après le carrosse qui emportait Cornélius avec ses caïeux.

Mais dans son empressement, il ne vit pas un pavé, trébucha, perdit son centre de gravité, roula à dix pas et ne se releva que foulé, meurtri, etlors que toute la fangeuse populace de La Haye lui eût passé sur le dos.

Dans cette circonstance encore, Boxtel, qui était en veine de malheur, en fut donc pour ses habits déchirés, son dos meurtri et ses mains égratignées.

On aurait pu croire que c'était assez comme cela pour Boxtel.

On se serait trompé.

Boxtel, remis sur ses pieds, s'arracha

le plus de cheveux qu'il put, et les jeta en holocauste à cette divinité farouche et insensible qu'on appelle l'Envie.

Ce fut une offrande sans doute agréable à cette déesse qui n'a, dit la mythologie, que des serpents en guise de coiffure.

IV

IV

Les pigeons de Dordrecht.

C'était déjà certes un grand honneur pour Cornélius van Baërle que d'être enfermé justement dans cette même prison qui avait reçu le savant M. Grotius.

Mais une fois arrivé à la prison un honneur bien plus grand l'attendait. Il se trouva que la chambre habitée par l'illustre ami de Barneveld était vacante à Loewestein, quand la clémence du prince d'Orange y envoya le tulipier van Baërle.

Cette chambre avait bien mauvaise réputation dans le château depuis, grâce à l'imagination de sa femme, que M. Grotius s'en était enfui dans le fameux coffre à livres qu'on avait oublié de visiter.

D'un autre côté, cela parut de bien bon augure à van Baërle, que cette chambre lui fut donnée pour logement; car enfin, jamais, selon ses idées à lui, un geôlier n'eût dû faire habiter à un second pigeon la cage d'où un premier s'était si facilement envolé.

La chambre est historique. Nous ne perdrons donc pas notre temps à en consigner ici les détails, sauf une alcôve qui avait été pratiquée par madame Grotius. C'était une chambre de prison, comme les autres, plus élevée peut-être ; aussi, par la fenêtre grillée, avait-on une charmante vue.

L'intérêt de notre histoire d'ailleurs ne consiste pas dans un certain nombre de descriptions d'intérieur. Pour van Baërle, la vie était autre chose qu'un appareil respiratoire. Le pauvre prisonnier aimait au-delà de sa machine pneumatique deux choses dont la pensée seulement, cette libre voyageuse, pouvait désormais lui fournir la possession factice.

Une fleur et une femme, l'une et l'autre à jamais perdues pour lui.

Il se trompait par bonheur, le bon van Baërle! Dieu, qui l'avait au moment où il marchait à l'échafaud, regardé avec le sourire d'un père, Dieu lui réservait au sein même de sa prison, dans la chambre de M. Grotius, l'existence la plus aventureuse que jamais tulupier ait eue en partage.

Un matin, à sa fenêtre, tandis qu'il humait l'air frais qui montait du Vahal et qu'il admirait dans le lointain, derrière une forêt de cheminées, les moulins de Dordrecht sa patrie, il vit des pigeons accourir en foule de ce point de l'horizon et se percher tout frissonnant au soleil sur les pignons aigus de Loewestein.

Ces pigeons, se dit van Baërle, viennent de Dordrecht et par conséquent ils y peuvent retourner. Quelqu'un qui attacherait un mot à l'aile de ces pigeons courrait la chance de faire passer de ses nouvelles à Dordrecht, où on le pleure.

Puis, après un moment de rêverie :

Ce quelqu'un là, ajouta van Baërle, ce sera moi.

On est patient quand on a vingt-huit ans et qu'on est condamné à une prison perpétuelle, c'est-à-dire à quelque chose comme vingt-deux ou vingt-trois mille jours de prison.

Van Baërle, tout en pensant à ses trois caïeux, car cette pensée battait toujours au fond de sa mémoire comme bat le cœur au fond de la poitrine, van Baërle, disons-nous, tout en pensant à ses trois caïeux, se fit un piège à pigeons. Il tenta ses volatiles par toutes les ressources de sa cuisine, dix-huit sous de Hollande par jour, — 12 sous de France, — et au bout d'un mois de tentations infructueuses, il prit une femelle.

Il mit deux autres mois à prendre un mâle; puis il les enferma ensemble, et vers le commencement de l'année 1675, ayant obtenu des œufs, il lâcha la femelle, qui, confiante dans le mâle qui les couvait à sa place, s'en alla toute joyeuse à Dordrecht avec son billet sous son aile.

Elle revint le soir.

Elle avait conservé le billet.

Elle le garda ainsi quinze jours, au grand désappointement d'abord, puis ensuite au grand désespoir de van Baërle.

Le seizième jour enfin elle revint à vide,

Or, van Baërle adressait ce billet à sa

nourrice, la vieille Frisonne, et suppliait les âmes charitables qui le trouveraient de le lui faire remettre le plus sûrement et le plus promptement possible.

Dans cette lettre, adressée à sa nourrice, il y avait un petit billet adressé à Rosa.

Dieu, qui porte avec son souffle les grains de ravenilles sur les murailles des vieux châteaux et qui les fait fleurir dans un peu de pluie, Dieu permit que la nourrice de van Baërle reçût cette lettre.

Et voici comment :

En quittant Dordrecht pour La Haye et La Haye pour Gorcum, mynheer Isaac Boxtel avait abandonné non seulement sa maison, non seulement son domestique, non seulement son observatoire, non seulement ses télescopes, mais encore ses pigeons.

Le domestique, qu'on avait laissé sans gages, commença par manger le peu d'économies qu'il avait, puis ensuite il se mit à manger des pigeons.

Ce que voyant les pigeons, ils émigrèrent du toit d'Isaac Boxtel sur le toit de Cornélius van Baërle.

La nourrice était un bon cœur qui avait besoin d'aimer quelque chose. Elle se prit de bonne amitié pour les pigeons qui étaient venus lui demander l'hospitalité, et quand le domestique d'Isaac réclama pour les manger les douze ou quinze derniers, comme il avait mangé les douze ou quinze premiers, elle offrit de les lui racheter, moyennant six sous de Hollande la pièce.

C'était le double de ce que valaient les pigeons ; aussi le domestique accepta-t-il avec une grande joie.

La nourrice se trouva donc légitime propriétaire des pigeons de l'envieux.

C'étaient des pigeons mêlés à d'autres qui, dans leur pérégrination, visitaient La Haye, Lœwenstein, Rotterdam, allant chercher sans doute du blé d'une autre nature du chènevis d'un autre goût.

Le hasard, ou plutôt Dieu, Dieu que nous voyons, nous, au fond de toutes choses, Dieu avait fait que Cornélius van Baërle avait pris justement un de ces pigeons-là.

Il en résulte que si l'envieux n'eût pas quitté Dordrecht pour suivre son rival à La Haye d'abord, puis ensuite à Gorcum ou à Loewestein, comme on voudra, les deux localités n'étant séparées que par la jonction du Wahal et de la Meuse, c'eût été entre ses mains et non entre celles de la nourrice que fût tombé le billet écrit par van Baërle; de sorte que le pauvre prisonnier, comme le corbeau du savetier romain, eût perdu son temps et ses peines, et qu'au lieu d'avoir à raconter les évènements variés qui, pareils à un tapis aux mille couleurs, vont se dérouler sous notre plume, nous n'eussions eu à décrire qu'une longue série de jours, pâles, tristes et sombre comme le manteau de la nuit.

Le billet tomba donc dans les mains de la nourrice de van Baërle.

Aussi vers les premiers jours de février, comme les premières heures du soir descendaient du ciel laissant derrière elles les étoiles naissantes, Cornélius entendit dans l'escalier de la tourelle une voix qui le fit tressaillir.

Il porta la main à son cœur et écouta.

C'était la voix douce et harmonieuse de Rosa.

Avouons-le, Cornélius ne fut pas si étourdi de surprise, si extravagant de joie qu'il l'eût été sans l'histoire du pigeon. Le pigeon lui avait en échange de sa lettre rapporté l'espoir sous son aile vide, et il s'attendait chaque jour, car il connaissait Rosa, à avoir, si le billet lui avait été remis, des nouvelles de son amour et de ses caïeux.

Il se leva, prêtant l'oreille, inclinant le corps du côté de la porte.

Oui, c'étaient bien les accents qui l'avaient ému si doucement à La Haye.

Mais maintenant Rosa, qui avait fait le voyage de La Haye à Loewestein, Rosa qui avait réussi, Cornélius ne savait comment, à pénétrer dans la prison ; Rosa parviendrait-elle aussi heureusement à pénétrer jusqu'au prisonnier.

Tandis que Cornélius, à ce propos, échafaudait pensée sur pensée, désirs sur inquiétudes, le guichet placé à la porte de sa cellule s'ouvrit, et Rosa brillante de joie, de parure, belle surtout du chagrin qui avait pâli ses joues depuis cinq mois, Rosa colla sa figure au grillage de Cornélius en lui disant :

— Oh monsieur ! monsieur, me voici.

Cornélius étendit les bras, regarda le ciel et poussa un cri de joie.

— Oh ! Rosa, Rosa ! cria-t-il.

— Silence ! parlons bas, mon père me suit, dit la jeune fille.

— Votre père ?

— Oui, il est là dans la cour au bas de l'escalier, il reçoit les instructions du gouverneur, il va monter.

— Les instructions du gouverneur ?...

— Écoutez, je vais tâcher de tout vous dire en deux mots : Le stathouder a une maison de campagne à une lieue de Leyde, une grande laiterie pas autre chose, c'est ma tante, sa nourrice, qui a la direction de tous les animaux qui sont renfermés dans cette métairie. Dès que j'ai reçu votre lettre, votre lettre que je n'ai pas pu lire, hélas ! mais que votre nourrice m'a lue, j'ai couru chez ma tante, là je suis restée jusqu'à ce que le prince vînt à la laiterie, et quand il y vint, je lui demandai que mon père troquât ses fonctions de premier porte-clefs de la prison de La Haye contre les fonctions de geôlier à la forteresse de Lœwestein. Il ne se doutait pas de mon but ; s'il l'eût connu, peut-être eût-il refusé ; au contraire, il accorda.

— De sorte que vous voilà.

— Comme vous voyez.

— De sorte que je vous verrai tous les jours?

— Le plus souvent que je pourrai.

— O Rosa! ma belle madone Rosa! dit Cornélius, vous m'aimez donc un peu?

— Un peu... dit-elle, oh! vous n'êtes pas assez exigeant, monsieur Cornélius.

Cornélius lui tendit passionnément les mains, mais leurs doigts seuls purent se toucher à travers le grillage.

— Voici mon père! dit la jeune fille.

Et Rosa quitta vivement la porte et s'élança vers le vieux Gryphus qui apparaissait au haut de l'escalier.

V

Le guichet.

Gryphus était suivi du molosse.

Il lui faisait faire sa ronde pour qu'à l'occasion il reconnût les prisonniers.

—Mon père, dit Rosa, c'est ici la fameuse chambre d'où M. Grotius s'est évadé ; vous savez, M. Grotius ?

— Oui, oui, ce coquin de Grotius; un ami de ce scélérat de Barneveld, que j'ai vu exécuter quand j'étais enfant. Grotius! ah! ah! c'est de cette chambre qu'il s'est évadé. Eh bien! je réponds que personne ne s'en évadera après lui.

Et, en ouvrant la porte, il commença dans l'obscurité son discours au prisonnier.

Quant au chien, il alla en grognant flairer les mollets du prisonnier, comme pour lui demander de quel droit il n'était pas mort, lui qu'il avait vu sortir entre le greffier et le bourreau.

Mais la belle Rosa l'appela, et le molosse vint à elle.

— Monsieur, dit Gryphus en levant sa lanterne pour tâcher de projeter un peu de lumière autour de lui, vous voyez en moi votre nouveau geôlier. Je suis chef des porte-clefs et j'ai les chambres sous ma surveillance. Je suis inflexible pour tout ce qui concerne la discipline.

— Mais je vous connais parfaitement, mon cher monsieur Gryphus, dit le prisonnier en entrant dans le cercle de lumière que projetait la lanterne.

— Tiens, tiens, c'est vous, monsieur

van Baërle, dit Gryphus; ah! c'est vous; tiens, tiens, tiens, comme on se rencontre.

— Oui, et c'est avec un grand plaisir, mon cher monsieur Gryphus, que je vois que votre bras va à merveille, puisque c'est de ce bras que vous tenez une lanterne.

Gryphus fronça le sourcil.

— Voyez ce que c'est, dit-il, en politique on fait toujours des fautes. — Son Altesse vous a laissé la vie, je ne l'aurais pas fait, moi.

— Bah! demanda Cornélius et pourquoi cela?

— Parce que vous êtes homme à conspirer de nouveau ; vous autres savants, vous avez commerce avec le diable.

— Ah çà ! maître Gryphus, êtes-vous mécontent de la façon dont je vous ai remis votre bras, ou du prix que je vous ai demandé ? dit en riant Cornélius.

— Au contraire, morbleu ! au contraire ! maugréa le geôlier, vous me l'avez trop bien remis le bras ; il y a quelque sorcellerie là-dessous : au bout de six semaines je m'en servais comme s'il ne lui était rien arrivé. A telles enseignes que le médecin du Buytenhoff, qui sait son affaire, voulait me le casser de nouveau, pour me le remettre dans les règles, promettant que, cette fois, je serais trois mois sans pouvoir m'en servir.

— Et vous n'avez pas voulu ?

— J'ai dit: non. Tant que je pourrai faire le signe de la croix avec ce bras-là, — Gryphus était catholique, — tant que je pourrai faire le signe de la croix avec ce bras-là, je me moque du diable.

— Mais si vous vous moquez du diable, maître Gryphus, à plus forte raison devez-vous vous moquer des savants.

— Oh ! les savants, les savants ! s'écria Gryphus sans répondre à l'interpellation ; les savants ! j'aimerais mieux avoir dix militaires à garder qu'un seul savant. Les militaires, ils fument, ils boivent, ils s'enivrent; ils sont doux comme des moutons quand on leur donne de l'eau-de-vie ou du vin de la Meuse. Mais un savant, boire, fumer, s'enivrer! ah bien oui! C'est sobre, ça ne dépense rien, ça garde sa tête fraîche pour conspirer. Mais je commence par vous dire que ça ne vous sera pas facile, à vous, de conspirer. D'abord pas de livres, pas de papier, pas de grimoire. C'est avec des livres que M. Grotius s'est sauvé.

— Je vous assure, maître Gryphus, reprit van Baërle, que peut-être j'ai eu un instant l'idée de me sauver, mais que bien certainement je ne l'ai plus.

— C'est bien ! c'est bien ! dit Gryphus, veillez sur vous, j'en ferai autant. C'est égal, c'est égal, Son Altesse a fait une lourde faute.

— En ne me faisant pas couper la tête?... Merci, merci, maître Gryphus.

— Sans doute. Voyez si MM. de Witt ne se tiennent pas bien tranquilles maintenant.

— C'est affreux ce que vous dites là, monsieur Gryphus, dit van Baërle en se détournant pour cacher son dégoût. Vous oubliez que l'un de ces malheureux est mon ami, et l'autre... l'autre mon second père.

— Oui, mais je me souviens que l'un et l'autre sont des conspirateurs. Et puis c'est par philanthropie que je parle.

— Ah! vraiment! Expliquez donc un peu cela, cher monsieur Gryphus, je ne comprends pas bien.

— Oui. Si vous étiez resté sur le billot de maître Harbruck.

— Eh bien?

— Eh bien! vous ne souffririez plus. Tandis qu'ici je ne vous cache pas que je m'en vais vous rendre la vie très dure.

—Merci de la promesse, maître Gryphus.

Et tandis que le prisonnier souriait ironiquement au vieux geôlier, Rosa, derrière la porte, lui répondait par un sourire plein d'angélique consolation.

Gryphus alla vers la fenêtre.

Il faisait encore assez jour pour qu'on vît sans le distinguer un horizon immense qui se perdait dans une brume grisâtre.

—Quelle vue a-t-on d'ici? demanda le geôlier.

— Mais, fort belle, dit Cornélius, en regardant Rosa.

— Oui, oui, trop de vue, trop de vue.

En ce moment les deux pigeons, effarouchés par la vue et surtout par la voix de cet inconnu, sortirent de leur nid, et disparurent tout effarés dans le brouillard.

— Oh! oh! qu'est ce que cela? demanda le geôlier.

— Mes pigeons, répondit Cornélius.

— Mes pigeons! s'écria le geôlier, mes

pigeons! Est-ce qu'un prisonnier a quelque chose à lui?

— Alors, dit Cornélius, les pigeons que le bon Dieu m'a prêtés?

— Voilà déjà une contravention, répliqua Gryphus, des pigeons! Ah! jeune homme, jeune homme, je vous préviens d'une chose, c'est que, pas plus tard que demain, ces oiseaux bouilliront dans ma marmite.

— Il faudrait d'abord que vous les tinssiez, maître Gryphus, dit van Baërle. Vous ne voulez pas que ce soit mes pigeons; ils sont encore bien moins les vôtres, je vous jure, qu'ils ne sont les miens.

— Ce qui est différé n'est pas perdu, maugréa le geôlier, et pas plus tard que demain, je leur tordrai le cou.

Et, tout en faisant cette méchante promesse à Cornélius, Gryphus se pencha en dehors pour examiner la structure du nid. Ce qui donna le temps à van Baërle de courir à la porte et de serrer la main de Rosa, qui lui dit :

— A neuf heures ce soir.

Gryphus, tout occupé du désir de prendre dès le lendemain les pigeons, comme il avait promis de le faire, ne vit rien, n'entendit rien, et comme il avait fermé la fenêtre, il prit sa fille par le bras, sortit, donna un double tour à la serrure, poussa les verrous, et alla faire les mêmes promesses à un autre prisonnier.

A peine eut-il disparu, que Cornélius s'approcha de la porte pour écouter le bruit décroissant des pas, puis, lorsqu'il se fut éteint, il courut à la fenêtre et démolit de fond en comble le nid des pigeons.

Il aimait mieux les chasser à tout jamais de sa présence que d'exposer à la mort les gentils messagers auxquels il devait le bonheur d'avoir revu Rosa.

Cette visite du geôlier, ses menaces brutales, la sombre perspective de sa surveillance dont il connaissait les abus, rien de tout cela ne put distraire Cornélius des douces pensées et surtout du doux espoir que la présence de Rosa venait de ressusciter dans son cœur.

Il attendit impatiemment que neuf heures sonnassent au donjon de Loewestein.

Rosa avait dit : A neuf heures, attendez-moi.

La dernière note de bronze vibrait encore dans l'air lorsque Cornélius entendit dans l'escalier le pas léger et la robe onduleuse de la belle Frisonne, et bientôt le grillage de la porte sur laquelle Cornélius fixait ardemment les yeux s'éclaira.

Le guichet venait de s'ouvrir en dehors.

— Me voici, dit Rosa encore tout essoufflée d'avoir gravi l'escalier, me voici!

— Oh! bonne Rosa!

— Vous êtes donc content de me voir?

— Vous le demandez! Mais comment avez-vous fait pour venir! dites.

— Écoutez, mon père s'endort chaque

soir presque aussitôt qu'il a soupé ; alors, je le couche un peu étourdi par le genièvre ; n'en dites rien à personne, car grâce à ce sommeil, je pourrai chaque soir venir causer une heure avec vous.

— Oh ! je vous remercie, Rosa, chère Rosa.

Et Cornélius avança, en disant ces mots, son visage si près du guichet que Rosa retira le sien.

— Je vous ai rapporté vos caïeux de tulipe, dit-elle.

Le cœur de Cornélius bondit. Il n'avait point osé demander encore à Rosa ce qu'elle avait fait du précieux trésor qu'il lui avait confié.

— Ah! vous les avez donc conservés!

— Ne me les aviez-vous donc pas donnés comme une chose qui vous était chère.

— Oui, mais seulement parce que je vous les avais donnés, il me semble qu'ils étaient à vous.

— Ils étaient à moi après votre mort et vous êtes vivant par bonheur. Ah! comme j'ai béni Son Altesse. Si Dieu accorde au prince Guillaume toutes les félicités que je lui ai souhaitées, certes le roi Guillaume sera non seulement l'homme le plus heureux de son royaume, mais de toute la terre. Vous étiez vivant, dis-je, et tout en gardant la Bible de votre parrain Corneille, j'étais résolue de rapporter vos caïeux ; seulement je ne savais comment faire. Or je venais de prendre la résolution d'aller demander au stathouder la place de geôlier de Gorcum pour mon père, lorsque la nourrice m'apporta votre lettre. Ah ! nous pleurâmes bien ensemble, je vous en réponds. Mais votre lettre ne fit que m'affermir dans ma résolution. C'est alors que je partis pour Leyde ; vous savez le reste.

— Comment, chère Rosa, reprit Cornélius, vous pensiez, avant ma lettre reçue, à venir me rejoindre ?

— Si j'y pensais ! répondit Rosa, laissant prendre à son amour le pas sur sa pudeur, mais je ne pensais qu'à cela !

Et en disant ces mots, Rosa devint si belle que, pour la seconde fois, Cornélius précipita son front et ses lèvres sur le grillage, et cela sans doute pour remercier la belle jeune fille.

Rosa se recula comme la première fois.

— En vérité, dit-elle avec cette coquetterie qui bat dans le cœur de toute jeune fille, en vérité, j'ai bien souvent regretté de ne pas savoir lire ; mais jamais autant et de la même façon que lorsque votre nourrice m'apporta votre lettre ; j'ai tenu dans ma main cette lettre qui parlait pour les autres et qui, pauvre sotte que j'étais, était muette pour moi.

— Vous avez souvent regretté de ne pas savoir lire, dit Cornélius, et à quelle occasion ?

— Dame ! fit la jeune fille en riant, pour lire toutes les lettres que l'on m'écrivait.

— Vous receviez des lettres, Rosa ?

— Par centaines.

— Mais qui vous écrivait donc?...

— Qui m'écrivait? Mais d'abord tous les étudiants qui passaient sur le Buytenhoff, tous les officiers qui allaient à la place d'armes, tous les commis et même les marchands qui me voyaient à ma petite fenêtre.

— Et tous ces billets, chère Rosa, qu'en faisiez-vous?

— Autrefois, répondit Rosa, je me les faisais lire par quelque amie, et cela m'amusait beaucoup; mais depuis un certain temps, à quoi bon perdre son temps à écouter toutes ces sottises; depuis un certain temps je les brûle.

— Depuis un certain temps, s'écria Cornélius avec un regard troublé à la fois par l'amour et la joie.

Rosa baissa les yeux toute rougissante.

De sorte qu'elle ne vit pas s'approcher les lèvres de Cornélius qui ne rencontrèrent, hélas! que le grillage; mais qui, malgré cet obstacle, envoyèrent jusqu'aux lèvres de la jeune fille le souffle ardent du plus tendre baiser.

A cette flamme qui brûla ses lèvres, Rosa devint aussi pâle, plus pâle peut-être qu'elle ne l'avait été au Buytenhoff, le jour de l'exécution. Elle poussa un gémissement plaintif, ferma ses beaux yeux et s'enfuit le cœur palpitant, essayant en vain de comprimer avec sa main les palpitations de son cœur.

Cornélius, demeuré seul, en fut réduit à aspirer le doux parfum des cheveux de Rosa, resté comme un captif entre le treillage.

Rosa s'était enfuie si précipitamment qu'elle avait oublié de rendre à Cornélius les trois caïeux de la tulipe noire.

VI

VI

Maître et écolière.

Le bonhomme Gryphus, on a pu le voir, était loin de partager la bonne volonté de sa fille pour le filleul de Corneille de Witt.

Il n'avait que cinq prisonniers à Loewestein ; la tâche de gardien n'était donc pas difficile à remplir, et la geôle était une sorte de sinécure donnée à son âge.

Mais dans son zèle, le digne geôlier avait grandi de toute la puissance de son imagination la tâche qui lui était imposée. Pour lui, Cornélius avait pris la proportion gigantesque d'un criminel de premier ordre. Il était en conséquence devenu le plus dangereux de ses prisonniers. Il surveillait chacune de ses démarches, ne l'abordait qu'avec un visage courroucé, lui faisant porter la peine de ce qu'il appelait son effroyable rébellion contre le clément stathouder.

Il entrait trois fois par jour dans la chambre de van Baërle, croyant le surprendre en faute, mais Cornélius avait renoncé aux correspondances depuis qu'il avait sa correspondante sous la main. Il était même probable que Cornélius, eût-il obtenu sa liberté entière et permission complète de se retirer partout où il eût voulu, le domicile de la prison avec Rosa et ses caïeux lui eût paru préférable à tout autre domicile sans ses caïeux et sans Rosa.

C'est qu'en effet chaque soir à neuf heures Rosa avait promis de venir causer avec le cher prisonnier, et dès le premier soir, Rosa, nous l'avons vu, avait tenu parole.

Le lendemain, elle monta comme la veille, avec le même mystère et les mêmes précautions. Seulement elle s'était promis à elle-même de ne pas trop approcher sa figure du grillage. D'ailleurs, pour entrer du premier coup dans une conversation qui pût occuper sérieusement van Baërle, elle commença par lui tendre à travers le grillage ses trois caïeux toujours enveloppés dans le même papier.

Mais, au grand étonnement de Rosa, van Baërle repoussa sa blanche main du bout de ses doigts.

Le jeune homme avait réfléchi.

— Ecoutez-moi, dit-il, nous risquerions trop, je crois, de mettre toute notre fortune dans le même sac. Songez qu'il s'agit, ma chère Rosa, d'accomplir une entreprise que l'on regarde jusqu'aujourd'hui comme impossible. Il s'agit de faire fleurir la grande tulipe noire. Prenons donc toutes nos précautions, afin, si nous échouons, de n'avoir rien à nous reprocher. Voici comment j'ai calculé que nous parviendrions à notre but.

Rosa prêta toute son attention à ce qu'allait lui dire le prisonnier, et cela plus pour l'importance qu'y attachait le malheureux tulipier que pour l'importance qu'elle y attachait elle-même.

— Voici, continua Cornélius, comment j'ai calculé notre commune coopération à cette grande affaire.

— J'écoute, dit Rosa.

— Vous avez bien dans cette forteresse un petit jardin, à défaut de jardin une cour quelconque, à défaut de cour une terrasse.

— Nous avons un très beau jardin, dit Rosa, il s'étend le long du Wahal et est plein de beaux vieux arbres.

— Pouvez-vous, chère Rosa, m'apporter un peu de la terre de ce jardin afin que j'en juge.

— Dès demain.

— Vous en prendrez à l'ombre et au soleil, afin que je juge de ses deux qualités sous les deux conditions de sécheresse et d'humidité.

— Soyez tranquille.

— La terre choisie par moi et modifiée s'il est besoin, nous ferons trois parts de nos trois caïeux, vous en prendrez un que vous planterez le jour que je vous dirai dans la terre choisie par moi ; il fleurira certainement si vous le soignez selon mes indications.

— Je ne m'en éloignerai pas une seconde.

— Vous m'en donnerez un autre que j'essaierai d'élever ici dans ma chambre, ce qui m'aidera à passer ces longues journées pendant lesquelles je ne vous vois pas. J'ai peu d'espoir, je vous l'avoue, pour celui-là et, d'avance, je regarde ce malheureux comme sacrifié à mon égoïsme. Cependant le soleil me visite quelquefois. Je tirerai artificieusement parti de tout, même de la chaleur et de la cendre de ma pipe. Enfin nous tiendrons, ou plutôt vous tiendrez en réserve le troisième caïeu, notre dernière ressource pour le cas où nos deux premières expériences auraient manqué. De cette manière, ma chère Rosa, il est impossible que nous n'arrivions pas à gagner les cent mille florins de notre dot et à nous procurer le suprême bonheur de voir réussir notre œuvre.

— J'ai compris, dit Rosa. Je vous apporterai demain de la terre, vous choisirez la mienne et la vôtre. Quant à la vôtre, il me faudra plusieurs voyages, car je ne pourrai vous en apporter que peu à la fois.

— Oh! nous ne sommes pas pressés, chère Rosa ; nos tulipes ne doivent pas être enterrées avant un grand mois. Ainsi vous voyez que nous avons tout le temps; seulement, pour planter votre caïeu, vous suivrez toutes mes instructions, n'est-ce pas ?

— Je vous le promets.

— Et une fois planté, vous me ferez part de toutes les circonstances qui pourront intéresser notre élève, tels que changements atmosphériques, traces dans les allées, traces sur les plates-bandes. Vous écouterez la nuit si notre jardin n'est pas fréquenté par des chats. Deux de ces malheureux animaux m'ont, à Dordrecht, ravagé deux plates-bandes.

— J'écouterai.

— Les jours de lune... Avez-vous vue sur le jardin, chère enfant?

— La fenêtre de ma chambre à coucher y donne.

— Bon. Les jours de lune, vous regarderez si des trous du mur ne sortent point des rats. Les rats sont des rongeurs fort à craindre, et j'ai vu de malheureux tulipiers reprocher bien amèrement à Noé d'avoir mis une paire de rats dans l'arche.

— Je regarderai, et s'il y a des chats ou des rats.

— Eh bien! il faudra aviser. Ensuite, continua van Baërle devenu soupçonneux, depuis qu'il était en prison ; ensuite, il y a un animal bien plus à craindre encore que le chat et le rat !

— Et quel est cet animal ?

— C'est l'homme! Vous comprenez, chère Rosa, on vole un florin, et l'on risque le bagne pour une pareille misère; à plus forte raison, peut-on voler un caïeu de tulipe qui vaut cent mille florins.

— Personne que moi n'entrera dans le jardin.

— Vous me le promettez ?

— Je vous le jure !

— Bien, Rosa! merci, chère Rosa! oh! toute joie va donc me venir de vous!

Et, comme les lèvres de van Baërle se rapprochaient du grillage avec la même ardeur que la veille, et que, d'ailleurs, l'heure de la retraite était arrivée, Rosa éloigna la tête et allongea la main.

Dans cette jolie main, dont la coquette jeune fille avait un soin tout particulier, était le caïeu.

Cornélius baisa passionnément le bout des doigts de cette main. Etait-ce parce que cette main tenait un des caïeux de la grande tulipe noire? Etait-ce parce que cette main était la main de Rosa?

C'est ce que nous laissons deviner à de plus savants que nous.

Rosa se retira donc avec les deux autres caïeux, les serrant contre sa poitrine.

Les serrait-elle contre sa poitrine, parce que c'étaient les caïeux de la grande tulipe noire, ou parce que les caïeux lui venaient de Cornélius van Baërle ?

Ce point, nous le croyons, serait plus facile à préciser que l'autre.

Quoi qu'il en soit, à partir de ce moment, la vie devint plus douce et plus remplie pour le prisonnier.

Rosa, on l'a vu, lui avait remis un des caïeux.

Chaque soir elle lui apportait poignée à poignée la terre de la portion du jardin qu'il avait trouvée la meilleure et qui en effet était excellente.

Une large cruche que Cornélius avait cassée habilement lui donna un fond propice, il l'emplit à moitié et mélangea la terre apportée par Rosa d'un peu de boue de rivière qu'il fit sécher et qui lui fournit un excellent terreau.

Puis, vers le commencement d'avril il y déposa le premier caïeu.

Dire ce que Cornélius déploya de soins, d'habileté et de ruse pour dérober à la surveillance de Gryphus la joie de ses travaux, nous n'y parviendrions pas. Une demi-heure, c'est un siècle de sensations et de pensée pour un prisonnier philosophe.

Il ne se passait point de jour que Rosa ne vînt causer avec Cornélius.

Les tulipes dont Rosa faisait un cours complet, fournissaient le fond de la conversation; mais si intéressant que soit ce sujet, on ne peut pas toujours parler tulipes.

Alors on parlait d'autre chose, et à son grand étonnement, le tulipier s'apercevait de l'extension immense que pouvait prendre le cercle de la conversation.

Seulement Rosa avait pris une habitude, elle tenait son beau visage invariablement à six pouces du guichet; car la belle Frisonne était sans doute défiante d'elle-même, depuis qu'elle avait senti à travers le grillage combien le souffle d'un prisonnier peut brûler le cœur d'une jeune fille.

Il y a une chose surtout qui inquiétait à cette heure le tulipier presque autant que ses caïeux, et sur laquelle il revenait sans cesse.

C'était la dépendance où était Rosa de son père.

Ainsi la vie de van Baërle, le docteur

savant, le peintre pittoresque, l'homme supérieur, — de van Baërle qui le premier avait, selon toute probabilité, découvert ce chef-d'œuvre de la création que l'on appellerait, comme la chose était arrêtée d'avance, *Rosa Barlœnsis*, la vie, bien mieux que la vie, le bonheur de cet homme dépendait du plus simple caprice d'un autre homme, et cet homme c'était un être d'un esprit inférieur, d'une caste infime ; c'était un geôlier, quelque chose de moins intelligent que la serrure qu'il fermait, de plus dur que le verrou qu'il tirait. C'était quelque chose du Caliban de *la Tempête*, un passage entre l'homme et la brute.

Eh bien! le bonheur de Cornélius dépendait de cet homme ; cet homme pouvait un beau matin s'ennuyer à Loewestein, trouver que l'air y était mauvais, que le genièvre n'y était plus bon, et quitter la forteresse et emmener sa fille, — et encore une fois Cornélius et Rosa étaient séparés. — Dieu, qui se lasse de faire trop pour ses créatures, finirait peut-être alors par ne plus les réunir.

— Et alors à quoi bon les pigeons voyageurs, disait Cornélius à la jeune fille ; puisque, chère Rosa, vous ne saurez ni lire ce que je vous écrirai, ni m'écrire ce que vous aurez pensé.

— Eh bien, répondit Rosa, qui au fond du cœur craignait la séparation autant que

Cornélius, nous avons une heure tous les soirs, employons-la bien.

— Mais il me semble, reprit Cornélius, que nous ne l'employons pas mal.

— Employons-la mieux encore, dit Rosa en souriant. Montrez-moi à lire et à écrire ; je profiterai de vos leçons, croyez-moi, et de cette façon nous ne serons plus jamais séparés que par notre volonté à nous-mêmes.

— Oh ! alors, s'écria Cornélius, nous avons l'éternité devant nous.

Rosa sourit et baussa doucement les épaules.

— Est-ce que vous resterez toujours en prison? répondit-elle. Est-ce qu'après vous avoir donné la vie, Son Altesse ne vous donnera pas la liberté? Est-ce qu'alors vous ne rentrerez pas dans vos biens? Est-ce que vous ne serez point riche? Est-ce qu'une fois libre et riche, vous daignerez regarder, quand vous passerez à cheval ou en carrosse, la petite Rosa, une fille de geôlier, presque une fille de bourreau?

Cornélius voulut protester, et certes il l'eût fait de tout son cœur et dans la sincérité d'une âme remplie d'amour.

La jeune fille l'interrompit.

— Comment va votre tulipe? demanda-t-elle en souriant.

Parler à Cornélius de sa tulipe, c'était un moyen pour Rosa de tout faire oublier à Cornélius, même Rosa.

— Mais assez bien, dit-il; la pellicule noircit, le travail de la fermentation a commencé, les veines du caïeu s'échauffent et grossissent; d'ici à huit jours, avant peut-être, on pourra distinguer les premières protubérances de la germination. Et la vôtre, Rosa?

— Oh! moi, j'ai fait les choses en grand et d'après vos indications.

— Voyons, Rosa, qu'avez-vous fait? dit Cornélius, les yeux presque aussi ardents, l'haleine presque aussi haletante que le soir où ces yeux avaient brûlé le visage et cette haleine le cœur de Rosa.

— J'ai, dit en souriant la jeune fille; car au fond du cœur elle ne pouvait s'empêcher d'étudier ce double amour du prisonnier pour elle et pour la tulipe noire; j'ai fait les choses en grand : je me suis préparé dans un carré nu, loin des arbres et des murs, dans une terre légèrement sablonneuse, plutôt humide que sèche, sans un grain de pierre, sans un caillou, je me suis disposé une plate-bande comme vous me l'avez décrite.

— Bien, bien, Rosa.

— Le terrain préparé de la sorte n'attend plus que votre avertissement. Au premier beau jour vous me direz de planter mon caïeu et je le planterai; vous savez que je dois tarder sur vous, moi qui ai toutes les chances du bon air, du soleil et de l'abondance des sucs terrestres.

— C'est vrai, c'est vrai, s'écria Cornélius en frappant avec joie ses mains, et vous êtes une bonne écolière, Rosa, et vous gagnerez certainement vos cent mille florins.

— N'oubliez pas, dit en riant Rosa, que votre écolière, puisque vous m'appelez ainsi, a encore autre chose à apprendre que la culture des tulipes.

— Oui, oui, et je suis aussi intéressé que vous, belle Rosa, à ce que vous sachiez lire.

— Quand commencerons-nous ?

— Tout de suite.

— Non, demain.

— Pourquoi demain ?

— Parce qu'aujourd'hui notre heure est écoulée et qu'il faut que je vous quitte.

— Déjà ! mais dans quoi lirons-nous ?

— Oh ! dit Rosa, j'ai un livre, un livre qui, je l'espère, nous portera bonheur.

— A demain donc ?

— A demain.

Le lendemain Rosa revint avec la bible de Corneille de Witt.

VII

VII

Premier caïeu.

Le lendemain, avons-nous dit, Rosa revint avec la bible de Corneille de Witt.

Alors commença entre le maître et l'écolière une de ces scènes charmantes qui font la joie du romancier quand il a le bonheur de les rencontrer sous sa plume.

Le guichet, seule ouverture qui servît de communication aux deux amants, était trop élevé pour que des gens qui s'étaient jusque-là contentés de lire sur le visage l'un de l'autre tout ce qu'ils avaient à se dire pussent lire commodément sur le livre que Rosa avait apporté.

En conséquence, la jeune fille dut s'appuyer au guichet, la tête penchée, le livre à la hauteur de la lumière qu'elle tenait de la main droite, et que, pour la reposer un peu, Cornélius imagina de fixer par un mouchoir au treillis de fer. Dès lors Rosa put suivre avec un de ses doigts sur le livre les lettres et les syllabes que lui faisait épeler Cornélius, lequel, muni d'un fétu de paille en guise d'indicateur, désignait ces lettres par le trou du grillage à son écolière attentive.

Le feu de cette lampe éclairait les riches couleurs de Rosa, son œil bleu et profond, ses tresses blondes sous le casque d'or bruni qui, ainsi que nous l'avons dit, sert de coiffure aux Frisonnes; ses doigts levés en l'air et dont le sang descendait, prenaient ce ton pâle et rose qui resplendit aux lumières et qui indique la vie mystérieuse que l'on voit circuler sous la chair.

L'intelligence de Rosa se développait rapidement sous le contact vivifiant de l'esprit de Cornélius, et quand la difficulté paraissait trop ardue, ces yeux qui plongeaient l'un dans l'autre, ces cils qui s'effleuraient, ces cheveux qui se mariaient, détachaient des étincelles électritriques capables d'éclairer les ténèbres même de l'idiotisme.

Et Rosa, descendue chez elle, repassait seule dans son esprit les leçons de lecture, et en même temps dans son âme les leçons non avouées de l'amour.

Un soir elle arriva une demi-heure plus tard que de coutume.

C'était un trop grave évènement qu'une demi-heure de retard pour que Cornélius ne s'informât pas avant toute chose de ce qui l'avait causé.

— Oh! ne me grondez pas, dit la jeune fille, ce n'est point ma faute. Mon père a renoué connaissance à Loewestein avec un bonhomme qui était venu fréquemment le solliciter à La Haye pour voir la prison. C'était un bon diable, ami de la bouteille et qui racontait de joyeuses histoires, en outre un large payeur qui ne reculait pas devant un écot.

— Vous ne le connaissez pas autrement? demanda Cornélius étonné.

—Non, répondit la jeune fille, c'est que depuis quinze jours environ, mon père s'est affolé de ce nouveau venu si assidu à le visiter.

— Oh! fit Cornélius, en secouant la tête avec inquiétude, car tout nouvel évènement présageait pour lui une catastrophe, quelque espion du genre de ceux que l'on envoie dans les forteresses pour surveiller ensemble prisonniers et gardiens.

— Je ne crois pas, fit Rosa en souriant, si ce brave homme épie quelqu'un, ce n'est pas mon père.

— Qui est-ce alors?

— Moi, par exemple.

— Vous?

— Pourquoi pas? dit en riant Rosa.

— Ah! c'est vrai, fit Cornélius en soupirant, vous n'aurez pas toujours en vain des prétendants, Rosa, cet homme peut devenir votre mari.

— Je ne dis pas non.

— Et sur quoi fondez-vous cette joie?

— Dites cette crainte, monsieur Cornélius.

— Merci, Rosa, car vous avez raison; cette crainte...

— Je la fonde sur ceci :

— J'écoute, dites.

— Cet homme était déjà venu plusieurs fois au Buytenhoff, à La Haye; tenez, juste au moment où vous y fûtes enfermé. Moi sortie, il en sortit à son tour; moi venue ici, il y vint. A La Haye il prenait pour prétexte qu'il voulait vous voir.

— Me voir, moi?

— Oh! prétexte, assurément, car aujourd'hui qu'il pourrait encore faire valoir la même raison puisque vous êtes redevenu le prisonnier de mon père, ou plutôt que mon père est redevenu votre geôlier, il ne se recommande plus de vous, bien au contraire. Je l'entendais hier dire à mon père qu'il ne vous connaissait pas.

— Continuez, Rosa, je vous prie, que je tâche de deviner quel est cet homme et ce qu'il veut.

— Vous êtes sûr, monsieur Cornélius, que nul de vos amis ne se peut intéresser à vous.

— Je n'ai pas d'amis, Rosa, je n'avais que ma nourrice, vous la connaissez et elle vous connaît. Hélas! cette pauvre Zug, elle viendrait elle-même et ne ruserait pas, et dirait en pleurant à votre père ou à vous : — Cher monsieur ou chère demoiselle, mon enfant est ici, voyez comme je suis désespérée, laissez-moi le voir une heure seulement et je prierai Dieu toute ma vie pour vous. — Oh! non, continua Cornélius, oh! non, a part ma bonne Zug, non je n'ai pas d'amis.

— J'en reviens donc à ce que je pensais ; d'autant mieux qu'hier, au coucher du soleil, comme j'arrangeais la plate-bande où je dois planter votre caïeu, je vis une ombre qui, par la porte entr'ouverte, se glissait derrière les sureaux et les trembles. Je n'eus pas l'air de regarder, c'était notre homme. Il se cacha, me vit remuer la terre, et, certes, c'était bien moi qu'il avait suivie, c'était bien moi qu'il épiait. Je ne donnai pas un coup de râteau, je ne touchai pas un atôme de terre qu'il ne s'en rendît compte.

— Oh! oui, oui, c'est un amoureux, dit Cornélius. Est-il jeune, est-il beau?

Et il regarda avidement Rosa, attendant impatiemment sa réponse.

— Jeune, beau? s'écria Rosa éclatant de rire. Il est hideux de visage, il a le corps voûté, il approche de cinquante ans, et n'ose me regarder en face ni parler haut.

— Et il s'appelle ?

— Jacob Gisels.

— Je ne le connais pas.

— Vous voyez bien, alors, que ce n'est pas pour vous qu'il vient.

— En tout cas, s'il vous aime, Rosa, ce qui est bien probable, car vous voir c'est vous aimer, vous ne l'aimez pas, vous ?

— Oh ! non, certes !

— Vous voulez que je me tranquillise, alors ?

— Je vous y engage.

— Eh bien ! maintenant que vous commencez à savoir lire. Rosa, vous lirez tout ce que je vous écrirai, n'est-ce pas, sur les tourments de la jalousie et sur ceux de l'absence ?

— Je lirai si vous écrivez bien gros.

Puis, comme la tournure que prenait la conversation commençait à inquiéter Rosa.

— A propos, dit-elle, comment se porte votre tulipe, à vous?

— Rosa, jugez de ma joie : ce matin je

la regardais au soleil, après avoir écarté doucement la couche de terre qui couvre le caïeu, j'ai vu poindre l'aiguillon de la première pousse; ah! Rosa, mon cœur s'est fondu de joie, cet imperceptible bourgeon blanchâtre qu'une aile de mouche écorcherait en l'effleurant, ce soupçon d'existence qui se révèle par un insaisissable témoignage, m'a plus ému que la lecture de cet ordre de Son Altesse, qui me rendait la vie en arrêtant la hache du bourreau, sur l'échafaud du Buytenhoff.

— Vous espérez, alors? dit Rosa en souriant.

— Oh! oui, j'espère!

— Et moi, à mon tour, quand planterai-je mon caïeu ?

— Au premier jour favorable, je vous le dirai ; mais surtout, n'allez point vous faire aider par personne, surtout ne confiez votre secret à qui que ce soit au monde ; un amateur, voyez-vous, serait capable, rien qu'à l'inspection de ce caïeu de reconnaître sa valeur ; et surtout, surtout, ma bien chère Rosa, serrez précieusement le troisième oignon qui vous reste.

— Il est encore dans le même papier où vous l'avez mis et tel que vous me l'avez donné, monsieur Cornélius, enfoui au fond de mon armoire et sous mes dentelles qui le tiennent au sec sans le charger. Mais, adieu, pauvre prisonnier.

— Comment, déjà?

— Il le faut.

— Venir si tard et partir si tôt.

— Mon père pourrait s'impatienter en ne me voyant pas revenir; l'amoureux pourrait se douter qu'il a un rival.

Et elle écouta inquiète.

— Qu'avez-vous donc? demanda van Baërle.

— Il m'a semblé entendre.

— Quoi donc?

— Quelque chose comme un pas qui craquait dans l'escalier.

— En effet, dit le prisonnier, ce ne peut être Gryphus, on l'entend de loin, lui.

— Non, ce n'est pas mon père, j'en suis sûre, mais...

— Mais...

— Mais ce pourrait être M. Jacob.

Rosa s'élança dans l'escalier et l'on entendit en effet une porte qui se fermait rapidement avant que la jeune fille n'eût descendu les dix premières marches.

Cornélius demeura fort inquiet, mais ce n'était pour lui qu'un prélude.

Quand la fatalité commence d'accomplir une œuvre mauvaise, il est rare qu'elle ne prévienne pas charitablement sa victime comme un spadassin fait à son adversaire pour lui donner le loisir de se mettre en garde.

Presque toujours, ces avis qui émanent de l'instinct de l'homme ou de la complicité des objets inanimés, souvent moins inanimés qu'on ne le croit généralement ; presque toujours, disons-nous, ces avis sont négligés. Le coup a sifflé en l'air, et il retombe sur une tête que ce sifflement eût dû avertir, et qui, avertie, a dû se prémunir.

Le lendemain se passa sans que rien de marquant eut lieu. Gryphus fit ses trois visites. Il ne découvrit rien. Quand il entendait venir son geôlier, — et dans l'espérance de surprendre les secrets de son prisonnier, Gryphus ne venait jamais aux mêmes heures; — quand il entendait venir son geôlier, van Baërle, à l'aide d'une mécanique qu'il avait inventée, et qui ressemblait à celles à l'aide desquelles on monte et descend les sacs de blé dans les fermes, van Baërle avait imaginé de descendre sa cruche au-dessous de l'entablement de tuiles d'abord, et ensuite de pierres qui régnait au-dessous de sa fenêtre.

Quant aux ficelles à l'aide desquelles le mouvement s'opérait, notre mécanicien avait trouvé un moyen de les cacher avec les mousses qui végètent sur les tuiles et dans le creux des pierres.

Gryphus ne devinait rien.

Ce manége réussit pendant huit jours.

Mais un matin que Cornélius, absorbé dans la contemplation de son caïeu, d'où s'élançait déjà un point de végétation, n'avait pas entendu monter le vieux Gryphus, — il faisait grand vent ce jour-là, et tout craquait dans la tourelle, — la porte s'ouvrit tout-à-coup, et Cornélius fut surpris sa cruche entre ses genoux.

Gryphus, voyant un objet inconnu, et par conséquent défendu, aux mains de son prisonnier, Gryphus fondit sur cet objet avec plus de rapidité que ne fait le faucon sur sa proie.

Le hasard ou cette adresse fatale que le mauvais esprit accorde parfois aux êtres malfaisants, fit que sa grosse main calleuse se posa tout d'abord au beau milieu de la cruche, sur la portion de terreau dépositaire du précieux oignon, cette main brisée au-dessus du poignet et que Cornélius van Baërle lui avait si bien remise.

— Qu'avez-vous là? s'écria-t-il. Ah! je vous y prends!

Et il enfonça sa main dans la terre.

— Moi? Rien, rien! s'écria Cornélius tout tremblant.

—Ah! je vous y prends! Une cruche, de la terre! il y a quelque secret coupable caché là-dessous!

— Cher monsieur Gryphus! supplia van Baërle, inquiet comme la perdrix à qui le moissonneur vient de prendre sa couvée.

En effet, Gryphus commençait à creuser la terre avec ses doigts crochus.

— Monsieur, monsieur! prenez garde! dit Cornélius pâlissant.

— A quoi ? mordieu ! à quoi ? hurla le geôlier.

— Prenez garde ! vous dis-je ; vous allez le meurtrir !

Et d'un mouvement rapide, presque désespéré, il arracha des mains du geôlier la cruche, qu'il cacha comme un trésor sous le rempart de ses deux bras.

Mais Gryphus, entêté comme un vieillard, et de plus en plus convaincu qu'il venait de découvrir une conspiration contre le prince d'Orange, Gryphus courut sur son prisonnier le bâton levé, et voyant l'impassible résolution du captif à proléger son pot de fleurs, il sentit que Cornélius tremblait bien moins pour sa tête que pour sa cruche.

Il chercha donc à la lui arracher de vive force.

— Ah! disait le geôlier furieux, vous voyez bien que vous vous révoltez.

— Laissez-moi ma tulipe! criait van Baërle.

— Oui, oui, tulipe! répliquait le vieillard. On connaît les ruses de MM. les prisonniers.

— Mais je vous jure.

— Lâchez, répétait Gryphus en frappant du pied. Lâchez, ou j'appelle la garde.

— Appelez qui vous voudrez, mais vous n'aurez cette pauvre fleur qu'avec ma vie.

Gryphus, exaspéré, enfonça ses doigts pour la seconde fois dans la terre, et cette fois en tira le caïeu tout noir, et tandis que van Baërle, heureux d'avoir sauvé le contenant ne s'imaginant pas que son adversaire possédait le contenu, Gryphus lança violemment le caïeux amolli qui s'écrasa sur la dalle et disparut presque aussitôt broyé, mis en bouillie, sous le large soulier du geôlier.

Van Baërle vit le meurtre, entrevit les

débris humides, comprit cette joie féroce de Gryphus et poussa un cri de désespoir qui eût attendri ce geôlier assassin qui, quelques années plus tôt, avait tué l'araignée de Pélisson.

L'idée d'assommer ce méchant homme passa comme un éclair dans le cerveau du tulipier. Le feu et le sang tout ensemble lui montèrent au front et l'aveuglèrent; il leva de ses deux mains la cruche lourde de toute l'inutile terre qui y restait. Un instant de plus, et il la laissait retomber sur le crâne chauve du vieux Gryphus.

Un cri l'arrêta, un cri plein de larmes et d'angoisses, le cri que poussa derrière le grillage du guichet la pauvre Rosa pâle, tremblante, les bras levés au ciel, et placée entre son père et son ami.

Cornélius abandonna la cruche qui se brisa en mille pièces avec un fracas épouvantable.

Et alors Gryphus comprit le danger qu'il venait de courir et s'emporta à de terribles menaces.

— Oh! il faut, lui dit Cornélius, que vous soyez un homme bien lâche et bien manant, pour arracher à un pauvre prisonnier sa seule consolation, un oignon de tulipe.

— Fi ! mon père, ajouta Rosa, c'est un crime que vous venez de commettre.

— Ah ! c'est vous, péronnelle, s'écria en se retournant vers sa fille le vieillard bouillant de colère, mêlez-vous de ce qui vous regarde et surtout descendez au plus vite.

— Malheureux ! malheureux ! continuait Cornélius au désespoir.

— Après tout, ce n'est qu'une tulipe, ajouta Gryphus un peu honteux. On vous en donnera tant que vous voudrez des tulipes, j'en ai trois cents dans mon grenier.

— Au diable vos tulipes ! s'écria Corné-,

lius. Elles vous valent et vous les valez. Oh! cent milliards de millions! si je les avais je les donnerais pour celle que vous avez écrasée là.

— Ah! fit Gryphus triomphant. Vous voyez bien que ce n'est pas à la tulipe que vous teniez. Vous voyez bien qu'il y avait dans ce faux oignon quelques sorcelleries, un moyen de correspondance peut-être avec les ennemis de Son Altesse, qui vous a fait grâce. Je le disais bien, qu'on avait eu tort de ne pas vous couper le cou.

— Mon père! mon père! s'écriait Rosa.

— Eh bien! tant mieux! tant mieux!

répétait Gryphus en s'animant, je l'ai détruit, je l'ai détruit. Il en sera de même chaque fois que vous recommencerez ! Ah ! je vous avais prévenu, mon bel ami, que je vous rendrais la vie dure.

— Maudit ! maudit ! hurla Cornélius tout à son désespoir en retournant avec ses doigts tremblants les derniers vestiges du caïeu, cadavre de tant de joies et de tant d'espérances.

— Nous planterons l'autre demain, cher monsieur Cornélius, dit à voix basse Rosa qui comprenait l'immense douleur du tulipier et qui jeta, cœur saint, cette douce parole comme une goutte de baume sur la blessure saignante de Cornélius.

VIII

VIII

L'amoureux de Rosa.

Rosa avait à peine jeté ces paroles de consolation à Cornélius, que l'on entendit dans l'escalier une voix qui demandait à Gryphus des nouvelles de ce qui se passait.

— Mon père, dit Rosa, entendez-vous ?

— Quoi?

— M. Jacob vous appelle. Il est inquiet.

— On a fait tant de bruit, fit Gryphus. N'eût-on pas dit qu'il m'assassinait, ce savant. Ah! que de mal on a toujours avec les savants.

Puis, indiquant du doigt l'escalier à Rosa:

— Marchez devant, mademoiselle! dit-il.

Et, fermant la porte:

— Je vous rejoins, ami Jacob, acheva-t-il.

Et Gryphus sortit emmenant Rosa et laissant dans sa solitude et dans sa douleur amère le pauvre Cornélius qui murmurait :

— Oh! c'est toi qui m'as assassiné, vieux bourreau. Je n'y survivrai pas !

— Et en effet, le pauvre prisonnier fût tombé malade sans ce contre-poids que la Providence avait mis à sa vie et que l'on appelait Rosa.

Le soir la jeune fille revint.

Son premier mot fut pour annoncer à Cornélius que désormais son père ne s'opposait plus à ce qu'il cultivât des fleurs.

— Et comment savez-vous cela? dit d'un air dolent le prisonnier à la jeune fille.

— Je le sais parce qu'il l'a dit.

— Pour me tromper peut-être?

— Non, il se repent.

— Oh! oui, mais trop tard.

— Ce repentir ne lui est pas venu de lui-même.

— Et comment lui est-il donc venu ?

— Si vous saviez combien son ami le gronde.

— Ah ! M. Jacob, il ne vous quitte donc pas, M. Jacob.

— En tout cas il nous quitte le moins qu'il peut.

Et elle sourit de telle façon que ce petit nuage de jalousie qui avait obscurci le front de Cornélius se dissipa.

— Comment cela s'est-il fait? demanda le prisonnier.

— Eh bien! interrogé par son ami, mon père à souper a raconté l'histoire de la tulipe ou plutôt du caïeu, et le bel exploit qu'il avait fait en l'écrasant.

Cornélius poussa un soupir qui pouvait passer pour un gémissement.

— Si vous eussiez vu en ce moment maître Jacob, continua Rosa. En vérité j'ai cru qu'il allait mettre le feu à la forteresse, ses yeux étaient deux torches ardentes, ses cheveux se hérissaient, il crispait ses poings, un instant j'ai cru qu'il voulait étrangler mon père. — Vous avez fait cela, s'écria-t-il, vous avez écrasé le caïeu ? — Sans doute, fit mon père. — C'est infâme !

continua-t-il, c'est odieux ! c'est un crime que vous avez commis là ! hurla Jacob.

Mon père resta stupéfait.

— Est-ce que vous aussi vous êtes fou ? demanda-t-il à son ami.

— Oh ! digne homme que ce Jacob, murmura Cornélius, c'est un honnête cœur, une âme d'élite.

— Le fait est qu'il est impossible de traiter un homme plus durement qu'il n'a traité mon père, ajouta Rosa ; c'était de sa part un véritable désespoir, il répétait sans cesse :

— Écrasé, le caïeu écrasé ; oh ! mon Dieu, mon Dieu, écrasé !

Puis, se tournant vers moi :

— Mais ce n'était pas le seul qu'il eût ? demanda-t-il.

— Il a demandé cela, fit Cornélius, dressant l'oreille.

— Vous croyez que ce n'était pas le seul, dit mon père. Bon, l'on cherchera les autres.

— Vous chercherez les autres, s'écria Jacob en prenant mon père au collet, mais aussitôt il le lâcha.

Puis, se tournant vers moi :

— Et qu'a dit le pauvre jeune homme ? demanda-t-il.

— Je ne savais que répondre, vous m'aviez bien recommandé de ne jamais laisser soupçonner l'intérêt que vous portiez à ce caïeu. Heureusement mon père me tira d'embarras.

— Ce qu'il a dit ? il s'est mis à écumer.

Je l'interrompis.

— Comment n'aurait-il pas été furieux, lui dis-je, vous avez été si injuste et si brutal.

—Ah çà! mais êtes-vous fou! s'écria mon père à son tour, le beau malheur d'écraser un oignon de tulipe; on en a des centaines pour un florin au marché de Gorcum.

— Mais peut-être moins précieux que celui-ci, eus-je le malheur de répondre.

— Et à ces mots, lui, Jacob, demanda Cornélius.

— A ces mots, je dois le dire, il me sembla que son œil lançait un éclair.

— Oui, fit Cornélius, mais ce ne fut pas tout; il dit quelque chose.

— Ainsi, belle Rosa, dit-il d'une voix mielleuse, vous croyez cet oignon précieux.

Je vis que j'avais fait une faute.

— Que sais-je, moi, répondis-je négligemment, est-ce que je me connais en tulipes? Je sais seulement, hélas! puisque nous sommes condamnés à vivre avec les prisonniers, — je sais que pour le prisonnier tout passe-temps a son prix. Ce pauvre M. van Baërle s'amusait de cet oignon. Eh bien! je dis qu'il y a de la cruauté à lui enlever cet amusement.

— Mais d'abord, fit mon père, comment s'était-il procuré cet oignon? Voilà ce qu'il serait bon de savoir, ce me semble.

Je détournai les yeux pour éviter le regard de mon père. Mais je rencontrai les yeux de Jacob.

On eût dit qu'il voulait poursuivre ma pensée jusqu'au fond de mon cœur.

Un mouvement d'humeur dispense souvent d'une réponse. Je haussai les épaules, tournai le dos et m'avançai vers la porte.

Mais je fus arrêtée par un mot que j'entendis si bas qu'il fut prononcé.

Jacob disait à mon père :

— Ce n'est pas chose difficile que de s'en assurer, parbleu !

— Comment cela?

— C'est de le fouiller, et s'il a les autres caïeux nous les trouverons.

— Oui, ordinairement, il y en a trois.

— Il y en a trois! s'écria Cornélius. Il a dit que j'avais trois caïeux!

— Vous comprenez, le mot m'a frappée comme vous. Je me retournai.

Ils étaient si occupés tous deux qu'ils ne virent pas mon mouvement.

— Mais, dit mon père, il ne les a peut-être pas sur lui ses oignons.

— Alors faites-le descendre sous un prétexte quelconque, pendant ce temps je fouillerai sa chambre.

Oh! oh! fit Cornélius, mais c'est un scélérat que votre M. Jacob.

— J'en ai peur.

— Dites-moi, Rosa, continua Cornélius tout pensif.

— Quoi?

— Ne m'avez-vous pas raconté que le jour où vous aviez préparé votre plate-bande, cet homme vous avait suivie?

— Oui.

— Qu'il s'était glissé comme une ombre derrière les sureaux ?

— Sans doute.

— Qu'il n'avait pas perdu un de vos coups de râteau ?

— Pas un.

— Rosa, fit Cornélius pâlissant.

— Eh bien !

— Ce n'était pas vous qu'il suivait.

— Qui suivait-il donc ?

— Ce n'est pas de vous qu'il est amoureux.

— De qui donc alors ?

— C'était mon caïeu qu'il suivait ; c'était de ma tulipe qu'il était amoureux.

— Ah ! par exemple ! cela pourrait bien être, s'écria Rosa.

— Voulez-vous vous en assurer ?

— Et de quelle façon ?

— Oh ! c'est chose bien facile.

— Dites !

— Allez demain au jardin ; tâchez, comme la première fois, que Jacob sache que vous y allez ; tâchez, comme la première fois, qu'il vous suive ; faites semblant d'enterrer le caïeu, sortez du jardin, mais regardez à travers la porte, et vous verrez ce qu'il fera.

— Bien ! mais après ?

— Après ! comme il agira, nous agirons.

— Ah ! dit Rosa, en poussant un soupir, vous aimez bien vos oignons, monsieur Cornélius.

— Le fait est, dit le prisonnier avec un soupir, que depuis que votre père a écrasé ce malheureux caïeu, il me semble qu'une portion de ma vie s'est paralysée.

— Voyons! dit Rosa, voulez-vous essayer autre chose encore?

— Quoi?

— Voulez-vous accepter la proposition de mon père?

— Quelle proposition?

— Il vous a offert des oignons de tulipes par centaines?

— C'est vrai.

— Acceptez-en deux ou trois, et au milieu de ces deux ou trois oignons, vous pourrez élever le troisième caïeu.

— Oui, ce serait bien, dit Cornélius, le sourcil froncé, si votre père était seul ; mais cet autre ; ce Jacob, qui nous épie.

— Ah ! c'est vrai ; cependant, réfléchissez ! vous vous privez là, je le vois, d'une grande distraction.

Et elle prononça ces paroles avec un sourire qui n'était pas entièrement exempt d'ironie.

En effet, Cornélius réfléchit un instant, il était facile de voir qu'il luttait contre un grand désir.

— Eh bien, non! s'écria-t-il avec un stoïcisme tout antique, non, ce serait une faiblesse, ce serait une folie, ce serait une lâcheté! si je livrais ainsi à toutes les mauvaises chances de la colère et de l'envie la dernière ressource qui nous reste, je serais un homme indigne de pardon. Non! Rosa, non! demain nous prendrons une résolution à l'endroit de votre tulipe; vous la cultiverez selon mes instructions; et quant au troisième caïeu, — Cornélius soupira profondément, — quant au troisième, gardez-le dans votre armoire! gardez-le comme l'avare garde sa première ou sa dernière pièce d'or, comme la mère garde son fils, comme le blessé garde la suprême goutte de sang de ses veines ; gardez-le, Rosa ! quelque chose me dit que là est notre salut, que là est notre richesse ! gardez-le ! et si le feu du ciel tombait sur Lœwestein, jurez-moi, Rosa, qu'au lieu de vos bagues, qu'au lieu de vos bijoux, qu'au lieu de ce beau casque d'or qui encadre si bien votre visage ! jurez-moi, Rosa, que vous emporterez ce dernier caïeu, qui renferme ma tulipe noire.

— Soyez tranquille, monsieur Cornélius, dit Rosa avec un doux mélange de tristesse et de solennité ; soyez tranquille, vos désirs sont des ordres pour moi.

— Et même, continua le jeune homme, s'enfiévrant de plus en plus, — si vous vous aperceviez que vous êtes suivie, que vos démarches sont épiées, que vos conversations éveillent les soupçons de votre père ou de cet affreux Jacob que je déteste ; eh bien ! Rosa ! sacrifiez-moi tout de suite, moi, qui ne vis plus que par vous, qui n'ai plus que vous au monde, sacrifiez-moi, — ne me voyez plus.

Rosa sentit son cœur se serrer dans sa poitrine ; des larmes jaillirent jusqu'à ses yeux.

— Hélas ! dit-elle.

— Quoi ? demanda Cornélius.

— Je vois une chose.

— Que voyez-vous?

— Je vois, dit la jeune fille éclatant en sanglots; je vois que vous aimez tant les tulipes, qu'il n'y a plus place dans votre cœur pour une autre affection.

Et elle s'enfuit.

Cornélius passa ce soir-là et après le départ de la jeune fille une des plus mauvaises nuits qu'il eût jamais passées.

Rosa était courroucée contre lui, et elle avait raison. Elle ne reviendrait plus voir le prisonnier peut-être, et il n'aurait plus de nouvelles, ni de Rosa, ni de ses tulipes.

Maintenant, comment allons-nous expliquer ce bizarre caractère aux tulipiers parfaits tels qu'il en existe encore en ce monde.

Nous l'avouons à la honte de notre héros et de l'horticulture, de ses deux amours, celui que Cornélius se sentit le plus enclin à regretter, ce fut l'amour de Rosa, et lorsque vers trois heures du matin il s'endormit harassé de fatigues, harcelé de craintes, bourrelé de remords, la grande tulipe noire céda le premier rang, dans ses rêves, aux yeux bleus si doux de la Frisonne blonde.

IX

IX

Femme et fleur.

Mais la pauvre Rosa enfermée dans sa chambre ne pouvait savoir à qui ou à quoi rêvait Cornélius.

Il en résultait que, d'après ce qu'il lui avait dit, Rosa était bien plus encline à croire qu'il rêvait à sa tulipe qu'à elle, et cependant Rosa se trompait.

Mais comme personne n'était là pour dire à Rosa qu'elle se trompait, comme les paroles imprudentes de Cornélius étaient tombées sur son âme ainsi que des gouttes de poison, Rosa ne rêvait pas, elle pleurait.

En effet, comme Rosa était une créature d'esprit élevé, d'un sens droit et profond, Rosa se rendait justice, non point quant à ses qualités morales et physiques, mais quant à sa position sociale.

Cornélius était savant, Cornélius était riche, ou du moins l'avait été avant la confiscation de ses biens ; Cornélius était de cette bourgeoisie de commerce, plus fière de ses enseignes de boutique tracées, formées en blason, que ne l'a jamais été la noblesse de race de ses armoiries héréditaires. Cornélius pouvait donc trouver Rosa bonne pour une distraction, mais à coup sûr quand il s'agirait d'engager son cœur, ce serait plutôt à une tulipe, c'est-à-dire à la plus noble et à la plus fière des fleurs qu'il l'engagerait, qu'à Rosa, humble fille d'un geôlier.

Rosa comprenait donc cette préférence que Cornélius donnait à la tulipe noire sur elle, mais elle n'en était que plus désespérée parce qu'elle comprenait.

Aussi Rosa avait-elle pris une résolution pendant cette nuit terrible, pendant cette nuit d'insomnie qu'elle avait passée.

Cette résolution, c'était de ne plus revenir au guichet.

Mais comme elle savait l'ardent désir qu'avait Cornélius d'avoir des nouvelles de sa tulipe, comme elle voulait bien ne pas s'exposer, elle, à revoir un homme pour lequel elle sentait sa pitié s'accroître à ce point qu'après avoir passé par la sympathie, cette pitié s'acheminait tout droit et à grands pas vers l'amour, mais comme elle ne voulait pas désespérer cet homme, elle résolut de poursuivre seule les leçons de lecture et d'écriture commencées, et heureusement elle était à ce point de son apprentissage qu'un maître ne lui eût plus été nécessaire si ce maître ne se fût appelé Cornélius.

Rosa se mit donc à lire avec acharnement dans la Bible du pauvre Corneille de Witt, sur la seconde feuille de laquelle, devenue la première depuis que l'autre était déchirée, sur la seconde feuille de laquelle était écrit le testament de Cornélius van Baërle.

— Ah! murmurait-elle en relisant ce testament qu'elle n'achevait jamais sans qu'une larme, perle d'amour, ne roulât de ses yeux limpides sur ses joues pâlies, ah! dans ce temps, j'ai pourtant cru un instant qu'il m'aimait.

— Pauvre Rosa! elle se trompait. Jamais l'amour du prisonnier n'avait été plus réel qu'arrivé au moment où nous sommes parvenus, puisque, nous l'avons dit avec embarras, dans la lutte entre la grande tulipe noire et Rosa, c'était la grande tulipe noire qui avait succombé.

Mais Rosa, nous le répétons, ignorait la défaite de la grande tulipe noire.

Aussi, sa lecture finie, opération dans laquelle Rosa avait fait de grands progrès, Rosa prenait-elle la plume et se mettait-elle avec un acharnement non moins louable à l'œuvre bien autrement difficile de l'écriture.

Mais enfin, comme Rosa écrivait déjà presque lisiblement le jour où Cornélius avait si imprudemment laissé parler son cœur, Rosa ne désespéra point de faire des progrès assez rapides pour donner dans huit jours au plus tard des nouvelles de sa tulipe au prisonnier.

Elle n'avait pas oublié un mot des recommandations que lui avait faites Cornélius. Du reste, jamais Rosa n'oubliait un mot de ce que lui disait Cornélius, même lorsque ce qu'il lui disait n'empruntait pas la forme de la recommandation.

Lui, de son côté, se réveilla plus amoureux que jamais. La tulipe était bien encore lumineuse et vivante dans sa pensée, mais enfin il ne la voyait plus comme un trésor auquel il dût tout sacrifier, même

Rosa, mais comme une fleur précieuse, une merveilleuse combinaison de la nature et de l'art que Dieu lui accordait pour le corsage de sa maîtresse.

Cependant toute la journée une inquiétude vague le poursuivait. Il était pareil à ces hommes dont l'esprit est assez fort pour oublier momentanément qu'un grand danger les menace le soir ou le lendemain. La préoccupation une fois vaincue, ils vivent de la vie ordinaire. Seulement, de temps en temps, ce danger oublié leur mord le cœur tout à coup de sa dent aiguë. Ils tressaillent, se demandent pourquoi ils ont tressailli, puis, se rappelant ce qu'ils avaient oublié : Oh! oui, disent-ils avec un soupir, c'est cela !

Le *cela* de Cornélius, c'était la crainte que Rosa ne vînt point ce soir-là comme d'habitude.

Et au fur et à mesure que la nuit s'avançait, la préoccupation devenait plus vive, plus présente, jusqu'à ce qu'enfin cette préoccupation s'emparât de tout le corps de Cornélius, et qu'il n'y eût plus qu'elle qui vécût en lui.

Aussi fut-ce avec un long battement de cœur qu'il salua l'obscurité ; à mesure que l'obscurité croissait, les paroles qu'il avait dites la veille à Rosa, et qui avaient tant affligé la pauvre fille, revenaient plus présentes à son esprit, et il se demandait comment il avait pu dire à sa consolatrice de le sacrifier à sa tulipe, c'est à dire de renoncer à le voir si besoin était, quand chez lui la vue de Rosa était devenue une nécessité de sa vie.

De la chambre de Cornélius on entendait sonner les heures à l'horloge de la forteresse. Sept heures, huit heures, puis neuf heures sonnèrent. Jamais timbre de bronze ne vibra plus profondément au fond d'un cœur que ne le fit le marteau frappant le neuvième coup marquant cette neuvième heure.

Puis tout rentra dans le silence. Cornélius appuya la main sur son cœur pour en étouffer les battements, et écouta.

Le bruit du pas de Rosa, le froissement de sa robe aux marches de l'escalier, lui étaient si familiers que dès le premier degré monté par elle, il disait :

— Ah! voilà Rosa qui vient.

Ce soir-là aucun bruit ne troubla le silence du corridor; l'horloge marqua neuf heures un quart. Puis sur deux sons différents neuf heures et demie; puis neuf heures trois quarts; puis enfin de sa voix grave annonça non seulement aux hôtes de la forteresse, mais encore aux habitants de Lœwestein, qu'il était dix heures.

C'était l'heure à laquelle Rosa quittait

d'habitude Cornélius. L'heure était sonnée et Rosa n'était pas encore venue.

Ainsi donc, ses pressentiments ne l'avaient pas trompé : Rosa irritée se tenait dans sa chambre et l'abandonnait.

— Oh! j'ai bien mérité ce qui m'arrive, disait Cornélius. Oh! elle ne viendra pas et fera bien de ne pas venir; à sa place, certes, j'en ferais autant.

Et malgré cela, Cornélius écoutait, attendait et espérait toujours.

Il écouta et attendit ainsi jusqu'à minuit; mais à minuit il cessa d'espérer et, tout habillé, alla se jeter sur son lit.

La nuit fut longue et triste, puis le jour vint ; mais le jour n'apportait aucune espérance au prisonnier.

A huit heures du matin, sa porte s'ouvrit : mais Cornélius ne détourna même pas la tête, il avait entendu le pas pesant de Gryphus dans le corridor, mais il avait parfaitement senti que ce pas s'approchait seul.

Il ne regarda même pas du côté du geôlier.

Et cependant il eût bien voulu l'interroger, lui demander des nouvelles de Rosa. Il fut sur le point, si étrange qu'eût dû paraître cette demande à son père, de lui faire cette demande. Il espérait, l'égoïste, que Gryphus lui répondrait que sa fille était malade.

A moins d'évènement extraordinaire, Rosa ne venait jamais dans la journée. Cornélius, tant que dura le jour, n'attendit donc point en réalité. Cependant, à ses tressaillements subits, à son oreille tendue du côté de la porte, à son regard rapide interrogeant le guichet, on voyait que le prisonnier avait la sourde espérance que Rosa ferait une infraction à ses habitudes.

A la seconde visite de Gryphus, Cornélius, contre tous ses antécédents, avait demandé au vieux geôlier, et cela de sa voix la plus douce, des nouvelles de sa santé ; mais Gryphus, laconique comme un Spartiate, s'était borné à répondre :

— Ça va bien.

A la troisième visite, Cornélius varia la forme de l'interrogation.

— Personne n'est malade à Lœwestein ? demanda-t-il.

— Personne ! répondit plus laconiquement encore que la première fois, Gryphus, en fermant la porte au nez de son prisonnier.

Gryphus, mal habitué à de pareilles

gracieusetés de la part de Cornélius, y avait vu, de la part de son prisonnier, un commencement de tentative de corruption.

Cornélius se retrouva seul; il était sept heures du soir; alors se redoublèrent, à un degré plus intense que la veille, les angoisses que nous avons essayé de décrire.

Mais, comme la veille, les heures s'écoulèrent sans amener la douce vision qui éclairait, à travers le guichet, le cachot du pauvre Cornélius, et qui, en se retirant, y laissait de la lumière pour tout le temps de son absence.

Van Baërle passa la nuit dans un véritable désespoir. Le lendemain, Gryphus lui parut plus laid, plus brutal, plus désespérant encore que d'habitude : il lui était passé par l'esprit, ou plutôt par le cœur, cette espérance que c'était lui qui empêchait Rosa de venir.

Il lui prit des envies féroces d'étrangler Gryphus ; mais Gryphus étranglé par Cornélius, toutes les lois divines et humaines défendaient à Rosa de jamais revoir Cornélius.

Le geôlier échappa donc, sans s'en douter, à un des plus grands dangers qu'il eût jamais courus de sa vie.

Le soir vint et le désespoir tourna en mélancolie ; cette mélancolie était d'autant plus sombre que malgré van Baërle, les souvenirs de sa pauvre tulipe se mêlaient à la douleur qu'il éprouvait. On en était arrivé juste à cette époque du mois d'avril, que les jardiniers les plus experts indiquent comme le point précis de la plantation des tulipes ; il avait dit à Rosa : Je vous indiquerai le jour où vous devez mettre le caïeu en terre. Ce jour, il devait, le lendemain, le fixer à la soirée suivante. Le temps était bon, l'atmosphère, quoique encore un peu humide, commençait à être tempérée par ces pâles rayons du soleil d'avril, qui venant les premiers semblent si doux, malgré leur pâleur. Si Rosa allait laisser passer le temps de la plantation.

Si à la douleur de ne pas voir la jeune fille se joignait celle de voir avorter le caïeu, pour avoir été planté trop tard, ou même pour ne pas l'avoir été du tout.

De ces deux douleurs réunies, il y avait certes de quoi perdre le boire et le manger.

Ce fut ce qui arriva le quatrième jour.

C'était pitié que de voir Cornélius, muet de douleur et pâle d'inanition, se pencher en dehors de la fenêtre grillée, au risque de ne pouvoir retirer sa tête d'entre les barreaux, pour tâcher d'apercevoir à gauche le petit jardin dont lui avait parlé Rosa, et dont le parapet confinait, lui avait-elle dit, à la rivière, et cela dans l'espérance de découvrir, à ces premiers rayons du soleil d'avril, la jeune fille ou la tulipe, ses deux amours brisées.

Le soir, Gryphus emporta le déjeûner et le dîner de Cornélius; à peine celui-ci y avait-il touché.

Le lendemain, il n'y toucha pas du tout, et Gryphus descendit les comestibles destinés à ces deux repas parfaitement intacts.

Cornélius ne s'était pas levé de la journée.

— Bon, dit Gryphus en descendant

après la dernière visite ; bon, je crois que nous allons être débarrassé du savant.

Rosa tressaillit.

— Bah ! fit Jacob, et comment cela ?

— Il ne boit plus, il ne mange plus, il ne se lève plus, dit Gryphus. Comme M. Grotius, il sortira d'ici dans un coffre ; seulement, ce coffre sera une bière.

Rosa devint pâle comme la mort.

— Oh ! murmura-t-elle, je comprends : il est inquiet de sa tulipe.

Et se levant toute oppressée, elle rentra

dans sa chambre, où elle prit une plume et du papier et pendant toute la nuit s'exerça à tracer des lettres.

Le lendemain, en se levant pour se traîner jusqu'à la fenêtre, Cornélius aperçut un papier qu'on avait glissé sous la porte.

Il s'élança sur ce papier, l'ouvrit et lut, d'une écriture qu'il eut peine à reconnaître pour celle de Rosa, tant elle s'était améliorée pendant cette absence de sept jours :

— Soyez tranquille, votre tulipe se porte bien.

Quoique ce petit mot de Rosa calmât une partie des douleurs de Cornélius, il n'en fut pas moins sensible à l'ironie. Ainsi, c'était bien cela, Rosa n'était point malade, Rosa était blessée; ce n'était point par force que Rosa ne venait plus, c'était volontairement qu'elle restait éloignée de Cornélius.

Ainsi Rosa libre, Rosa trouvait dans sa volonté la force de ne pas venir voir celui qui mourait du chagrin de ne pas l'avoir vue.

Cornélius avait du papier et un crayon que lui avait apportés Rosa. Il comprit que la jeune fille attendait une réponse, mais que cette réponse elle ne la viendrait chercher que la nuit. En conséquence il écrivit sur un papier pareil à celui qu'il avait reçu :

« Ce n'est point l'inquiétude que me cause ma tulipe qui me rend malade ; c'est le chagrin que j'éprouve de ne pas vous voir. »

Puis Gryphus sorti, puis le soir venu, il glissa le papier sous la porte et écouta.

Mais, avec quelque soin qu'il prêtât l'oreille, il n'entendit ni le pas, ni le froissement de sa robe.

Il n'entendit qu'une voix faible comme un souffle, et douce comme une caresse, qui lui jetait par le guichet ces deux mots :

— A demain.

Demain, — c'était le huitième jour. — Pendant huit jours Cornélius et Rosa ne s'étaient point vus.

X

X

Ce qui s'était passé pendant ces huit jours.

Le lendemain en effet, à l'heure habituelle, van Baërle entendit gratter à son guichet comme avait l'habitude de le faire Rosa dans les bons jours de leur amitié.

On devine que Cornélius n'était pas loin de cette porte à travers le grillage de laquelle il allait revoir enfin la charmante figure disparue depuis trop longtemps.

Rosa, qui l'attendait sa lampe à la main, ne put retenir un mouvement quand elle vit le prisonnier si triste et si pâle.

— Vous êtes souffrant, monsieur Cornélius? demanda-t-elle.

— Oui mademoiselle, répondit Cornélius, souffrant d'esprit et de corps.

— J'ai vu, monsieur, que vous ne mangiez plus, dit Rosa; mon père m'a dit que vous ne vous leviez plus ; alors je vous ai écrit pour vous tranquilliser sur le sort du précieux objet de vos inquiétudes.

— Et moi, dit Cornélius, je vous ai répondu. Je croyais, vous voyant revenir, chère Rosa, que vous aviez reçu ma lettre.

— C'est vrai, je l'ai reçue.

— Vous ne donnerez pas pour excuse, cette fois, que vous ne saviez pas lire. Non seulement vous lisez couramment, mais encore vous avez énormément profité sous le rapport de l'écriture.

— En effet, j'ai non seulement reçu,

mais lu votre billet. C'est pour cela que je suis venue pour voir s'il n'y aurait pas quelque moyen de vous rendre à la santé.

— Me rendre à la santé! s'écria Cornélius, mais vous avez donc quelque bonne nouvelle à m'apprendre.

Et en parlant ainsi, le jeune homme attachait sur Rosa des yeux brillants d'espoir.

Soit qu'elle ne comprît pas ce regard, soit qu'elle ne voulût pas le comprendre, la jeune fille répondit gravement :

— J'ai seulement à vous parler de votre

tulipe, qui est, je le sais, la plus grave préoccupation que vous ayez.

Rosa prononça ce peu de mots avec un accent glacé qui fit tressaillir Cornélius.

Le zélé tulipier ne comprenait pas tout ce que cachait sous le voile de l'indifférence, la pauvre enfant toujours aux prises avec sa rivale, la tulipe noire.

— Ah! murmura Cornélius, encore, encore! Rosa ne vous ai-je pas dit, mon Dieu! que je ne songeais qu'à vous, que c'était vous seule que je regrettais, vous seule qui me manquiez, vous seule qui, par votre absence, me retiriez l'air, le jour, la chaleur, la lumière, la vie.

Rosa sourit mélancoliquement.

— Ah! dit-elle, c'est que votre tulipe a couru un si grand danger.

Cornélius tressaillit malgré lui, et se laissa prendre au piège, si c'en était un.

— Un si grand danger! s'écria-t-il tout tremblant, mon Dieu! et lequel?

Rosa le regarda avec une douce compassion, elle sentait que ce qu'elle voulait était au-dessus des forces de cet homme et qu'il fallait accepter celui-là avec sa faiblesse.

— Oui, dit-elle, vous aviez deviné juste, le prétendant, l'amoureux, le Jacob ne venait point pour moi.

— Et pour qui venait-il donc? demanda Cornélius avec anxiété.

— Il venait pour la tulipe.

— Oh! fit Cornélius pâlissant à cette nouvelle plus qu'il n'avait pâli lorsque Rosa, se trompant, lui avait annoncé quinze jours auparavant que Jacob venait pour elle.

Rosa vit cette terreur, et Cornélius s'aperçut à l'expression de son visage qu'elle pensait ce que nous venons de dire.

— Oh! pardonnez-moi, Rosa, dit-il, je vous connais, je sais la bonté et l'honnêteté de votre cœur. Vous, Dieu vous a donné la pensée, le jugement, la force et le mouvement pour vous défendre, mais à ma pauvre tulipe menacée, Dieu n'a rien donné de tout cela.

Rosa ne répondit point à cette excuse du prisonnier et continua :

— Du moment où cet homme, qui m'avait suivie au jardin et que j'avais reconnu pour Jacob vous inquiétait, il m'inquiétait bien plus encore. Je fis donc ce que vous aviez dit, le lendemain du jour où je vous ai vu pour la dernière fois et où vous m'aviez dit...

Cornélius l'interrompit.

— Pardon, encore une fois, Rosa, s'écria-t-il. Ce que je vous ai dit, j'ai eu tort de vous le dire. — J'en ai déjà demandé mon pardon de cette fatale parole. Je le demande encore. Sera-ce donc toujours vainement ?

— Le lendemain de ce jour-là, reprit Rosa, me rappelant ce que vous m'aviez dit... de la ruse à employer pour m'assurer si c'était moi ou la tulipe que cet odieux homme suivait...

— Oui, odieux... N'est-ce pas, dit-il, vous le haïssez bien cette homme?

— Oui, je le hais, dit Rosa, car il est cause que j'ai bien souffert depuis huit jours!

— Ah! vous aussi, vous avez donc souffert? Merci de cette bonne parole, Rosa.

— Le lendemain de ce malheureux jour, continua Rosa, je descendis donc au jardin, et m'avançai vers la plate-bande où je devais planter la tulipe, tout en regardant derrière moi, si cette fois comme l'autre j'étais suivie.

— Eh bien! demanda Cornélius.

— Eh bien! la même ombre se glissa entre la porte et la muraille, et disparut encore derrière les sureaux.

— Vous fîtes semblant de ne pas la voir, n'est-ce pas! demanda Cornélius, se rappelant dans tous ses détails le conseil qu'il avait donné à Rosa.

— Oui, et je m'inclinai sur la plate-bande que je creusai avec une bêche comme si je plantais le caïeu.

— Et lui….. lui… pendant ce temps?

— Je voyais briller ses yeux ardents

comme ceux d'un tigre à travers les branches des arbres.

— Voyez-vous? voyez-vous? dit Cornélius.

— Puis, ce semblant d'opération achevé, je me retirai.

— Mais derrière la porte du jardin seulement, n'est-ce pas? De sorte, qu'à travers les fentes ou la serrure de cette porte vous pûtes voir ce qu'il fit, vous, une fois partie.

— Il attendit un instant, sans doute pour s'assurer que je ne reviendrais pas, puis il sortit à pas de loup de sa cachette, s'approcha de la plate-bande par un long détour, puis arrivé enfin à son but, c'est-à-dire en face de l'endroit où la terre était fraîchement remuée, il s'arrêta d'un air indifférent, regarda de tous côtés, interrogea chaque angle du jardin, interrogea chaque fenêtre des maisons voisines, interrogea la terre, le ciel, l'air, et croyant qu'il était bien seul, bien isolé, bien hors de la vue de tout le monde, il se précipita sur la plate-bande, enfonça ses deux mains dans la terre molle, en enleva une portion qu'il brisa doucement entre ses mains pour voir si le caïeu s'y trouvait, recommença trois fois le même manège, et chaque fois avec une action plus ardente, jusqu'à ce qu'enfin, commençant à comprendre qu'il pouvait être dupe de quelque supercherie, il calma l'agitation qui le dévorait, prit le râteau, égalisa le terrain pour le laisser à son départ dans le même état où il se trouvait avant qu'il ne l'eût fouillé, et tout honteux, tout penaud, il reprit le chemin de la porte, affectant l'air innocent d'un promeneur ordinaire.

— Oh! le misérable, murmura Cornélius, essuyant les gouttes de sueur qui ruisselaient sur son front. Oh! le misérable, je l'avais deviné. Mais le caïeu, Rosa, qu'en avez-vous fait? Hélas! il est déjà un peu tard pour le planter.

— Le caïeu, il est depuis six jours en terre.

— Où cela? comment cela? s'écria Cornélius. Oh! mon Dieu, quelle imprudence! Où est-il? Dans quelle terre est-il? Est-il bien ou mal exposé? Ne risque-t-il pas de nous être volé par cet affreux Jacob?

— Il ne risque pas de nous être volé, à moins que Jacob ne force la porte de ma chambre.

— Ah! il est chez vous, il est dans votre chambre, Rosa, dit Cornélius un peu tranquillisé. Mais dans quelle terre, dans quel récipient? Vous ne le faites pas germer dans l'eau comme les bonnes femmes de Harlem et de Dordrecht qui s'entêtent à croire que l'eau peut remplacer la terre, comme si l'eau qui est composée de trente-trois parties d'oxigène et de soixante-six parties d'hydrogène pouvait remplacer... Mais qu'est-ce que je vous dis là moi, Rosa.

— Oui, c'est un peu savant pour moi, répondit en souriant la jeune fille. Je me contenterai donc de vous répondre pour vous tranquilliser, que votre caïeu n'est pas dans l'eau.

— Ah ! je respire.

— Il est dans un bon pot de grès, juste de la largeur de la cruche où vous aviez enterré le vôtre. Il est dans un terrain composé de trois quarts de terre ordinaire prise au meilleur endroit du jardin, et d'un quart de terre de rue. Oh! j'ai entendu dire si souvent à vous et à cet infâme Jacob, comme vous l'appelez, dans quelle terre doit pousser la tulipe, que je sais cela comme le premier jardinier de Harlem?

— Ah! maintenent, reste l'exposition. A quelle exposition est-il, Rosa?

— Maintenant il a le soleil toute la journée, les jours où il y a du soleil. Mais quand il sera sorti de terre, quand le soleil sera plus chaud, je ferai comme vous faisiez ici, cher monsieur Cornélius. Je l'exposerai sur ma fenêtre au levant de huit heures du matin à onze heures, et sur ma fenêtre au levant de huit heures, et sur ma de l'après-midi jusqu'à cinq.

— Oh! c'est cela, c'est cela, s'écria Cornélius, et vous êtes un jardinier parfait, ma belle Rosa. Mais j'y pense, la culture de ma tulipe va vous prendre tout votre temps.

— Oui. c'est vrai, dit Rosa; mais qu'importe, votre tulipe, — c'est ma fille. — Je lui donne le temps que je donnerais à mon enfant, si j'étais mère. Il n'y a qu'en devenant sa mère, ajouta Rosa en souriant, que je puis cesser de devenir sa rivale.

— Bonne et chère Rosa, murmura Cornélius en jetant sur la jeune fille un regard où il y avait plus de l'amant que de l'horticulteur, et qui consola un peu Rosa.

Puis, au bout d'un instant de silence, pendant le temps que Cornélius avait cherché par les ouvertures du grillage la main fugitive de Rosa :

Ainsi, reprit Cornélius, il y a déjà six jours que le caïeu est en terre ?

— Six jours, oui, monsieur Cornélius, reprit la jeune fille;

— Et il ne paraît pas encore.

— Non, mais je crois que demain il paraîtra.

— Demain soit, vous me donnerez de ses nouvelles en me donnant des vôtres, n'est-ce pas, Rosa? — Je m'inquiète bien de la fille, comme vous disiez tout à l'heure; mais je m'intéresse bien autrement à la mère.

— Demain, dit Rosa en regardant Cornélius de son côté, demain, je ne sais si je pourrai.

— Eh! mon Dieu! dit Cornélius, pourquoi donc ne pourriez-vous pas demain.

— Monsieur Cornélius, j'ai mille choses à faire.

— Tandis que moi je n'en ai qu'une, murmura Cornélius.

— Oui, répondit Rosa, à aimer votre tulipe.

— A vous aimer, Rosa.

Rosa secoua la tête.

Il se fit un nouveau silence.

— Enfin, continua van Baërle interrompant ce silence, tout change dans la nature, aux fleurs du printemps succèdent d'autres fleurs, et l'on voit les abeilles qui caressaient tendrement les violettes et les giroflées se poser avec le même amour sur les chèvrefeuilles, les roses, les jasmins, les chrysanthèmes et les géramiums.

— Que veut dire cela? demanda Rosa.

— Cela veut dire, Mademoiselle, que vous avez d'abord aimé à entendre le récit de mes joies et de mes chagrins; vous avez caressé la fleur de notre mutuelle jeunesse; mais la mienne s'est fanée à l'ombre. Le jardin des espérances et des plaisirs d'un prisonnier n'a qu'une saison. Ce n'est pas comme ces beaux jardins à l'air libre et au soleil. Une fois la moisson de mai faite, une fois le butin récolté, les abeilles comme vous, Rosa, les abeilles au fin corsage, aux antennes d'or, aux diaphanes ailes, passent entre les barreaux, désertent le froid, la solitude, la tristesse, pour aller trouver ailleurs les parfums et les tièdes exhalaisons.

Le bonheur, enfin !

Rosa regardait Cornélius avec un sourire que celui-ci ne voyait pas; il avait les yeux au ciel.

Il continua avec un soupir :

— Vous m'avez abandonné, mademoiselle Rosa, pour avoir vos quatre saisons de plaisirs. Vous avez bien fait, je ne me plains pas ; quel droit avais-je d'exiger votre fidélité ?

— Ma fidélité ! s'écria Rosa tout en larmes, et sans prendre la peine de cacher plus longtemps à Cornélius cette rosée de perles qui roulait sur ses joues, ma fidélité ! je ne vous ai pas été fidèle, moi !

— Hélas ! est-ce m'être fidèle, s'écria Cornélius, que de me quitter, que de me laisser mourir ici.

— Mais, monsieur Cornélius, fait Rosa, ne dis-je pas pour vous tout ce qui pouvait vous faire plaisir, ne m'occupais-je pas de votre tulipe?

— De l'amertume, Rosa? vous me reprochez la seule joie sans mélange que j'ai eue en ce monde.

— Je ne vous reproche rien, monsieur Cornélius, sinon le seul chagrin profond que j'aie ressenti depuis le jour où l'on vint me dire au Buytenhoff que vous alliez être mis à mort.

— Cela vous déplaît, Rosa, ma douce Rosa, cela vous déplaît que j'aime les fleurs.

— Cela ne me déplaît pas que vous les aimiez, monsieur Cornélius, seulement cela m'attriste que vous les aimiez plus que vous ne m'aimiez moi-même.

— Ah! chère, chère bien-aimée, s'écria Cornélius, regardez mes mains comme elles tremblent, regardez mon front comme il est pâle, écoutez, écoutez mon cœur comme il bat ; eh bien! ce n'est point parce ma tulipe noire me sourit et m'appelle ; non, c'est parce que vous me souriez, vous, c'est parce que vous penchez votre front vers moi ; c'est parce que — je ne sais si cela est vrai, — c'est parce qu'il me semble que tout en les fuyant, vos mains aspirent aux miennes, et que je sens la chaleur de vos belles joues derrière le froid grillage. Rosa, mon amour, rompez le caïeu de la tulipe noire, détruisez l'espoir de cette fleur, éteignez la douce lumière de ce rêve chaste et charmant que je m'étais habitué à faire chaque jour; soit! plus de fleurs aux riches habits, aux grâces élégantes, aux caprices divins, ôtez-moi tout cela, fleur jalouse des autres fleurs, ôtez-moi tout cela, mais ne m'ôtez point votre voix, votre geste, le bruit de vos pas dans l'escalier lourd, ne m'ôtez pas le feu de vos yeux dans le corridor. sombre, la certitude de votre amour qui caressait perpétuellement mon cœur; aimez-moi, Rosa, car je sens bien que je n'aime que vous.

— Après la tulipe noire, soupira la jeune fille dont les mains tièdes et caressantes consentaient enfin à se livrer à travers le grillage de fer aux lèvres de Cornélius.

— Avant tout, Rosa...

— Faut-il que je vous croie ?

— Comme vous croyez en Dieu.

— Soit, cela ne vous engage pas beaucoup de m'aimer ?

— Trop peu, malheureusement, chère Rosa, mais cela vous engage, vous.

— Moi, demanda Rosa, et à quoi cela m'engage-t-il ?

— A ne pas vous marier d'abord.

Elle sourit.

— Ah! voilà comme vous êtes, dit-elle, vous autres tyrans. Vous adorez une belle : vous ne pensez qu'à elle, vous ne rêvez que d'elle ; vous êtes condamné à mort, et en marchant à l'échafaud, vous lui consacrez votre dernier soupir, et vous exigez de moi, pauvre fille, vous exigez le sacrifice de mes rêves, de mon ambition.

— Mais de quelle belle me parlez-vous donc, Rosa? dit Cornélius, cherchant, mais inutilement dans ses souvenirs, une femme à laquelle Rosa pût faire allusion.

— Mais de la belle noire, monsieur, de la belle noire à la taille souple, aux pieds fins, à la tête pleine de noblesse. Je parle de votre fleur, enfin.

Cornélius sourit.

— Belle imaginaire, ma bonne Rosa, tandis que vous, sans compter votre amoureux, ou plutôt mon amoureux Jacob, vous êtes entourée de galants qui vous font la cour. Vous rappelez-vous, Rosa, ce que vous m'avez dit des étudiants, des officiers, des commis de La Haye ; eh bien ! à Lœwestein, n'y a-t-il point de commis, point d'officiers, point d'étudiants ?

— Oh! si fait qu'il y en a et beaucoup même, dit Rosa.

— Qui écrivent ?

— Qui écrivent.

— Et maintenant que vous savez lire...

Et Cornélius poussa un soupir en songeant que c'était à lui, pauvre prisonnier, que Rosa devait le privilège de lire les billets doux qu'elle recevait.

— Eh bien! mais, dit Rosa, il me semble, monsieur Cornélius, qu'en lisant les billets qu'on m'écrit, qu'en examinant les galants qui se présentent, je ne fais que suivre vos instructions.

— Comment, mes instructions ?

— Oui, vos instructions ; oubliez-vous, continua Rosa en soupirant à son tour, oubliez-vous le testament écrit par vous, sur la Bible de M. Corneille de Witt. Je ne l'oublie pas, moi ; car, maintenant que je sais lire, je le relis tous les jours, et plutôt deux fois qu'une. Eh bien ! dans ce testament, vous m'ordonnez d'aimer et d'épouser un beau jeune homme de vingt-six à vingt-huit ans. Je le cherche, ce jeune homme, et comme toute ma journée est consacrée à votre tulipe, il faut bien que vous me laissiez le soir pour le trouver.

— Ah ! Rosa, le testament est fait dans la prévision de ma mort, et, grâce au ciel, je suis vivant.

— Eh bien ! donc, je ne chercherai pas ce beau jeune homme de vingt-six à vingt-huit ans, et je viendrai vous voir.

— Ah ! oui, Rosa, venez ! venez !

— Mais à une condition.

— Elle est acceptée d'avance !

— C'est que de trois jours il ne sera question de la tulipe noire.

— Il n'en sera plus question jamais si vous l'exigez, Rosa.

— Oh! dit la jeune fille, il ne faut pas demander l'impossible.

Et comme par mégarde elle approcha sa joue fraîche si proche du grillage que Cornélius put la toucher de ses lèvres.

Rosa poussa un petit cri plein d'amour et disparut.

XI

XI

Le second caïeu.

La nuit fut bonne et la journée du lendemain meilleure encore.

Les jours précédents la prison s'était alourdie, assombrie, abaissée, elle pesait de tout son poids sur le pauvre prisonnier. Ses murs étaient noirs, son air était froid, les barreaux étaient serrés à laisser passer à peine le jour.

Mais lorsque Cornélius se réveilla, un rayon du soleil matinal jouait dans les barreaux, des pigeons fendaient l'air de leurs ailes étendues, tandis que d'autres roucoulaient amoureusement sur le toit voisin de la fenêtre encore fermée.

Cornélius courut à cette fenêtre et l'ouvrit, il lui sembla que la vie, la joie, presque la liberté, entraient avec ce rayon du soleil dans la sombre chambre.

C'est que l'amour y fleurissait et faisait fleurir chaque chose autour de lui. L'amour, fleur du ciel bien autrement radieuse, bien autrement parfumée que toutes les fleurs de la terre.

Quand Gryphus entra dans la chambre du prisonnier, au lieu de le trouver morose et couché comme les autres jours, il le trouva debout et chantant un petit air d'opéra.

Gryphus le regarda de travers.

— Hein! fit celui-ci.

— Comment allons-nous, ce matin!

Gryphus le regarda de travers.

— Le chien, et M. Jacob, et notre belle Rosa, comment tout cela va-t-il?

Gryphus grinça des dents.

— Voilà votre déjeûner, dit-il.

— Merci, ami Cerberus, — fit le prisonnier, il arrive à temps, car j'ai grand faim.

— Ah! vous avez faim? dit Gryphus.

— Tiens, pourquoi pas? demanda van Baërle.

— Il paraît que la conspiration marche, dit Gryphus.

— Quelle conspiration? demanda Cornélius.

— Bon! on sait ce qu'on dit, mais on veillera, monsieur le savant; soyez tranquille, on veillera.

— Veillez, ami Gryphus! dit van Baërle, veillez! ma conspiration comme ma personne, est toute à votre service.

— On verra cela à midi, dit Gryphus.

Et il sortit.

— A midi, répéta Cornélius, que veut-il dire? soit, attendons midi; à midi nous verrons.

C'était facile à Cornélius d'attendre midi : Cornélius attendait neuf heures.

Midi sonna et l'en entendit dans l'escalier, non seulement le pas de Gryphus, mais les pas de trois ou quatre soldats montant avec lui.

La porte s'ouvrit, Gryphus entra, introduisit les hommes et referma la porte derrière eux.

— Là ! maintenant cherchons.

On chercha dans les poches de Cornélius, entre sa veste et son gilet, entre son gilet et sa chemise, entre sa chemise et sa chair ; on ne trouva rien.

On chercha dans les draps, dans les matelas, dans la paillasse du lit, on ne trouva rien.

Ce fut alors que Cornélius se félicita de ne point avoir accepté le troisième caïeu. Gryphus, dans cette perquisition, l'eût bien certainement trouvé, si bien caché qu'il fût, et il l'eût traité comme le premier.

Au reste, jamais prisonnier n'assista d'un visage plus serein, à une perquisition faite dans son domicile.

Gryphus se retira avec le crayon et les trois ou quatre feuilles de papier blanc, que Rosa avait donnés à Cornélius ; ce fut le seul trophée de l'expédition.

A six heures, Gryphus revint, mais seul, Cornélius voulut l'adoucir, mais Gryphus grogna, montra un croc qu'il avait dans le coin de la bouche, et sortit à reculons, comme un homme qui a peur qu'on ne le force.

Cornélius éclata de rire.

Ce qui fit que Gryphus, qui connaissait les auteurs, lui cria à travers la grille :

— C'est bon, c'est bon ; rira bien qui rira le dernier.

Celui qui devait rire le dernier, ce soir-là du moins, c'était Cornélius, car Cornélius attendait Rosa.

Rosa vint à neuf heures ; mais Rosa vint sans lanterne, Rosa n'avait plus besoin de lumière, elle savait lire.

Puis la lumière pouvait dénoncer Rosa, espionnée plus que jamais par Jacob.

Puis enfin à la lumière, on voyait trop la rougeur de Rosa lorsque Rosa rougissait.

De quoi parlèrent les deux jeunes gens ce soir-là? Des choses dont parlent les amonreux au seuil d'une porte en France, de l'un et de l'autre côté d'un balcon en Espagne, du haut en bas d'une terrasse en Orient.

Ils parlèrent de ces choses qui mettent des ailes au pied des heures, qui ajoutent des plumes aux ailes du temps.

Ils parlèrent de tout, excepté de la tulipe noire.

Puis à dix heures, comme d'habitude, ils se quittèrent.

Cornélius était heureux, aussi complètement heureux que peut l'être un tulipier à qui on n'a point parlé de sa tulipe.

Il trouvait Rosa jolie comme tous les amours de la terre; il la trouvait bonne, gracieuse, charmante.

Mais pourquoi Rosa défendait-elle qu'on parlât tulipe?

C'était un grand défaut qu'avait là Rosa.

Cornélius se dit, en soupirant, que la femme n'était point parfaite.

Une partie de la nuit il médita sur cette imperfection. Ce qui veut dire que tant qu'il veilla il pensa à Rosa.

Une fois endormi, il rêva d'elle.

Mais la Rosa des rêves était bien autrement parfaite que la Rosa de la réalité. Non seulement celle-là parlait tulipe, mais encore celle-là apportait à Cornélius une magnifique tulipe noire éclose dans un vase de Chine.

Cornélius se réveilla tout frissonnant de joie et en murmurant : Rosa, Rosa, je t'aime.

Et comme il faisait jour, Cornélius ne jugea point à propos de se rendormir.

Il resta donc toute la journée sur l'idée qu'il avait eue à son réveil.

Ah! si Rosa eût parlé tulipe, Cornélius

eût préféré Rosa à la reine Sémiramis, à la reine Cléopâtre, à la reine Élisabeth, à la reine Anne d'Autriche, c'est-à-dire aux plus grandes et aux plus belles reines du monde.

Mais Rosa avait défendu, sous peine de ne plus revenir, Rosa avait défendu qu'avant trois jours on causât tulipe.

C'était soixante-douze heures données à l'amant, c'est vrai. Mais, c'était soixante-douze heures, retranchées à l'horticulteur.

Il est vrai que sur ces soixante-douze heures trente-six étaient déjà passées.

Les trente-six autres passeraient bien vite, dix-huit à attendre, dix-huit au souvenir.

Rosa revint à la même heure ; Cornélius supporta héroïquement sa pénitence. C'eût été un Pythagoricien très distingué que Cornélius, et pourvu qu'on lui eût permis de demander une fois par jour des nouvelles de sa tulipe, il fût bien resté cinq ans selon les statuts de l'ordre sans parler d'autre chose.

Au reste, la belle visiteuse comprenait bien que lorsqu'on commande d'un côté il faut céder de l'autre. Rosa laissait Cornélius tirer ses doigts par le guichet ; Rosa laissait Cornélius baiser ses cheveux à travers le grillage.

Pauvre enfant! toutes ces mignardises de l'amour étaient bien autrement dangereuses pour elle que de parler tulipe.

Elle comprit cela en rentrant chez elle le cœur bondissant, les joues ardentes, les lèvres sèches et les yeux humides.

Aussi, le lendemain soir, après les premières paroles échangées, après les premières caresses faites, elle regarda Cornélius à travers le grillage, et dans la nuit, avec ce regard qu'on sent quand on ne le voit pas :

— Eh bien! dit-elle, elle a levé!

— Elle a levé! quoi? qui? demanda Cornélius, n'osant croire que Rosa abrégeât d'elle-même la durée de son épreuve.

— La tulipe, dit Rosa.

— Comment, s'écria Cornélius, vous permettez donc?

— Eh oui! dit Rosa du ton d'une mère tendre qui permet une joie à son enfant.

— Ah! Rosa! dit Cornélius, en allongeant ses lèvres à travers le grillage, dans l'espérance de toucher une joue, une main, un front, quelque chose enfin.

Il toucha mieux que tout cela, il toucha deux lèvres entr'ouvertes.

Rosa poussa un petit cri.

Cornélius comprit qu'il fallait se hâter de continuer la conversation; il sentait que ce contact inattendu avait fort effarouché Rosa.

— Levé bien droit? demanda-t-il.

— Droit comme un fuseau de Frise, dit Rosa.

— Et elle est bien haute?

— Haute de deux pouces au moins.

— Oh! Rosa, ayez-en bien soin, et vous verrez comme elle va grandir vite.

— Puis-je en avoir plus de soin, dit Rosa. Je ne songe qu'à elle.

— Qu'à elle, Rosa? Prenez garde, c'est moi qui vais être jaloux à mon tour.

— Et vous savez bien que penser à elle c'est penser à vous. Je ne la perds pas de vue. De mon lit, je la vois; en m'éveillant c'est le premier objet que je regarde, en m'endormant le dernier objet que je perds de vue. Le jour je m'assieds et je travaille près d'elle, car depuis qu'elle est dans ma chambre je ne quitte plus ma chambre.

— Vous avez raison, Rosa, c'est votre dot, vous savez.

— Oui, et grâce à elle je pourrai épouser un jeune homme de vingt-six ou vingt-huit ans que j'aimerai.

— Taisez-vous, méchante.

Et Cornélius parvint à saisir les doigts de la jeune fille, ce qui fit, sinon changer de conversation, du moins succéder le silence au dialogue.

Ce soir-là Cornélius fut le plus heureux des hommes. Rosa lui laissa sa main tant qu'il lui plut de la garder, et il parla tulipe tout à son aise.

A partir de ce moment, chaque jour amena un progrès dans la tulipe et dans l'amour des deux jeunes gens. Une fois c'étaient les feuilles qui s'étaient ouvertes, l'autre fois c'était la fleur elle-même qui s'était nouée.

A cette nouvelle la joie de Cornélius fut grande, et ses questions se succédèrent avec une rapidité qui témoignait de leur importance.

— Nouée, s'écria Cornélius, elle est nouée !

— Elle est nouée, répéta Rosa.

Cornélius chancela de joie et fut forcé de se retenir au guichet.

— Ah mon Dieu! exclama-t-il.

Puis revenant à Rosa :

— L'ovale est-il régulier, le cylindre est-il plein, les pointes sont-elles bien vertes.

— L'ovale a près d'un pouce et s'effile comme une aiguille, le cylindre gonfle ses flancs, les pointes sont prêtes à s'entr'ouvrir.

Cette nuit-là Cornélius dormit peu, c'était un moment suprême que celui où les pointes s'entr'ouvriraient.

Deux jours après Rosa annonçait qu'elles étaient entr'ouvertes.

— Entr'ouvertes, Rosa, s'écria Cornélius, l'involucrum est entr'ouvert! Mais alors on voit donc, on peut donc distinguer déjà?

Et le prisonnier s'arrêta haletant.

— Oui, répondit Rosa, oui, l'on peut distinguer un filet de couleur différente, mince comme un cheveu.

— Et la couleur? fit Cornélius en tremblant.

— Ah! répondit Rosa, c'est bien foncé.

— Brun?

— Oh! plus foncé.

— Plus foncé, bonne Rosa, plus foncé! merci. Foncé comme l'ébène, foncé comme...

— Foncé comme l'encre avec laquelle je vous ai écrit.

Cornélius poussa un cri de joie folle.

Puis s'arrètant tout-à-coup :

— Oh ! dit-il en joignant les mains, oh ! il n'y a pas d'ange qui puisse vous être comparé, Rosa.

— Vraiment, dit Rosa, souriant à cette exaltation.

— Rosa, vous avez tant travaillé, Rosa, vous avez tant fait pour moi; Rosa, ma tulipe va fleurir, et ma tulipe fleurira noire, Rosa, Rosa, vous êtes ce que Dieu a créé de plus parfait sur la terre,

— Après la tulipe cependant?

— Ah ! taisez-vous, mauvaise. Taisez-vous, par pitié, ne me gâtez pas ma joie. Mais, dites-moi, Rosa, si la tulipe en est à ce point dans deux ou trois jours au plus tard elle va fleurir.

— Demain ou après-demain, oui.

— Oh ! et je ne la verrai pas, s'écria Cornélius, en se renversant en arrière, et je ne la baiserai pas comme une merveille de Dieu qu'on doit adorer, comme je baise vos mains, Rosa, comme je baise vos cheveux, comme je baise vos joues, quand par hasard elles se trouvent à portée du guichet.

Rosa approcha sa joue, non point par

hasard, mais avec volonté; les lèvres du jeune homme s'y collèrent avidemment.

— Dame! je la cueillerai si vous voulez, dit Rosa.

— Ah! non! non! Sitôt qu'elle sera ouverte, mettez-la bien à l'ombre, Rosa, et à l'instant même, à l'instant, envoyez à Harlem prévenir le président de la société d'horticulture que la grande tulipe noire est fleurie. C'est loin, je le sais bien, Harlem, mais avec de l'argent vous trouverez un messager. Avez-vous de l'argent, Rosa?

Rosa sourit.

— Oh oui! dit-elle.

— Assez! demanda Cornélius.

— J'ai trois cents florins.

— Oh! si vous avez trois cents florins, ce n'est point un messager qu'il vous faut envoyer, c'est vous-même, vous-même, Rosa, qui devez aller à Harlem.

— Mais pendant ce temps, la fleur...

— Oh! la fleur, vous l'emporterez, vous comprenez bien qu'il ne faut pas vous séparer d'elle un instant.

— Mais en ne me séparant point d'elle, je me sépare de vous, monsieur Cornélius, dit Rosa attristée.

— Ah! c'est vrai, ma douce, ma chère Rosa, Mon Dieu! que les hommes sont méchants, que leur ai-je donc fait et pourquoi m'ont-ils privé de la liberté; vous avez raison, Rosa, je ne pourrais vivre sans vous. Eh bien! vous enverrez quelqu'un à Harlem; voilà; ma foi! le miracle est assez grand pour que le président se dérange; il viendra lui-même à Lœwestein chercher la tulipe.

Puis, s'arrêtant tout-à-coup et d'une voix tremblante :

— Rosa! murmura Cornélius, Rosa! si elle allait ne pas être noire.

— Dame ! vous le saurez demain ou après-demain soir.

— Attendre jusqu'au soir, pour savoir cela Rosa, je mourrai d'impatience. Ne pourrions-nous convenir d'un signal?

— Je ferai mieux.

— Que ferez-vous?

— Si c'est la nuit qu'elle s'entr'ouvre, je viendrai vous le dire moi-même. Si c'est le jour, je passerai devant la porte et vous glisserai un billet, soit dessous la porte, soit par le guichet, entre la première et la deuxième inspection de mon père.

— Oh! Rosa, c'est cela! un mot de vous, m'annonçant cette nouvelle, c'est-à-dire un double bonheur.

—Voilà dix heures, dit Rosa, il faut que je vous quitte.

— Oui! oui! dit Cornélius, oui! allez, Rosa, allez!

Rosa se retira presque triste.

Cornélius l'avait presque renvoyée.

Il est vrai que c'était pour veiller sur la tulipe noire.

FIN DU DEUXIÈME VOLUME.

TABLE

DU DEUXIÈME VOLUME.

—

Chap. I. Le testament de Cornélius van Baërle . . . 3
    II. L'exécution. 45
    III. Ce qui se passait pendant ce temps là dans l'âme d'un spectateur 61
    IV. Les pigeons de Dordrecht. 79
    V. Le guichet. 99
    VI. Maître et écolière 123
    VII. Prémier caïeu 153
    VIII. L'amoureux de Rosa 185
    IX. Femme et fleur. 211
    X. Ce qui s'était passé pendant ces huit jours. . 239
    XI. Le second caïeu. 275

Sceaux, imp. de E. Dépée.

OUVRAGES NOUVEAUX EN VENTE.

ÉSAÜ LE LEPREUX

Roman historique du temps de Duguesclin,

Ouvrage terminé en 5 volumes in-8. Prix net : 20 fr.

LA COMTESSE DE BRENNES

Par **LÉON GOZLAN**. — Ouvrage complet en 3 vol. in-8.

TAQUINET LE BOSSU

Par **PAUL DE KOCK**. — Ouvrage terminé en 2 volumes in-8.

LA
MARQUISE SANGLANTE

PAR MADAME LA COMTESSE DASH.

Ouvrage complet en 2 volumes in-8.

LES ENFANTS DE LA NUIT

Par BULWER. — 2 vol. in-8.

LA MAISON DOMBEY PÈRE ET FILS

Par **CHARLES DICKENS**. — 2 vol. in-8.

CORBEIL, typ. et lith. de CRÉTÉ.

www.ingramcontent.com/pod-product-compliance
Lightning Source LLC
Chambersburg PA
CBHW071241240426
43668CB00033B/1034